中华人民共和国旅游法

注释本

法律出版社法规中心　编

法律出版社
LAW PRESS CHINA
·北　京·

图书在版编目（CIP）数据

中华人民共和国旅游法注释本 / 法律出版社法规中心编. -- 2 版. -- 北京 : 法律出版社, 2025. -- (法律单行本注释本系列). -- ISBN 978 -7 -5197 -9665 -5

Ⅰ. D922.296.5

中国国家版本馆 CIP 数据核字第 2024YW6346 号

中华人民共和国旅游法注释本
ZHONGHUA RENMIN GONGHEGUO LÜYOUFA ZHUSHIBEN

法律出版社法规中心 编

责任编辑 赵雪慧
装帧设计 李 瞻

出版发行 法律出版社
编辑统筹 法规出版分社
责任校对 张红蕊
责任印制 耿润瑜
经　　销 新华书店

开本 850 毫米×1168 毫米 1/32
印张 8 **字数** 205 千
版本 2025 年 2 月第 2 版
印次 2025 年 2 月第 1 次印刷
印刷 天津嘉恒印务有限公司

地址:北京市丰台区莲花池西里 7 号(100073)
网址:www.lawpress.com.cn
投稿邮箱:info@lawpress.com.cn
举报盗版邮箱:jbwq@lawpress.com.cn

销售电话:010 - 83938349
客服电话:010 - 83938350
咨询电话:010 - 63939796

书号:ISBN 978 -7 -5197 -9665 -5　　**定价**:25.00 元

凡购买本社图书,如有印装错误,我社负责退换。电话:010 - 83938349

编辑出版说明

现代社会是法治社会，社会发展离不开法治护航，百姓福祉少不了法律保障。遇到问题依法解决，已经成为人们处理矛盾、解决纠纷的不二之选。然而，面对纷繁复杂的法律问题，如何精准、高效地找到法律依据，如何完整、准确地理解和运用法律，日益成为人们"学法、用法"的关键所在。

为了帮助读者快速准确地掌握"学法、用法"的本领，我社开创性地推出了"法律单行本注释本系列"丛书，至今已十余年。本丛书历经多次修订完善，现已出版近百个品种，涵盖了社会生活的重要领域，已经成为广大读者学习法律、应用法律之必选图书。

本丛书具有以下特点：

1. 出版机构权威。成立于1954年的法律出版社，是全国首家法律专业出版机构，始终秉承"为人民传播法律"的宗旨，完整记录了中国法治建设发展的全过程，享有"社会科学类全国一级出版社"等荣誉称号，入选"全国百佳图书出版单位"。

2. 编写人员专业。本丛书皆由相关法律领域内的专业人士编写，确保图书内容始终紧跟法治进程，反映最新立法动态，体现条文本义内涵。

3. 法律文本标准。作为专业的法律出版机构，多年来，我社始终使用全国人民代表大会常务委员会公报刊登的法律文本，积淀了丰富的标准法律文本资源，并根据立法进度及时更新相关内容。

4. 条文注解精准。本丛书以立法机关的解读为蓝本，给每个条文提炼出条文主旨，并对重点条文进行注释，使读者能精准掌握立法意图，轻松理解条文内容。

5. 配套附录实用。书末"附录"部分收录重要的相关法律、法规、司法解释以及最高人民法院发布的典型案例，使读者在使用中更为便捷，使全书更为实用。

需要说明的是，本丛书中"适用提要""条文主旨""条文注释"等内容皆是编者为方便读者阅读、理解而编写，不同于国家正式通过、颁布的法律文本，不具有法律效力。本丛书不足之处，恳请读者批评指正。

我们用心打磨本丛书，以期待为法律相关专业的学生释法解疑，致力于为每个公民的合法权益撑起法律的保护伞。

法律出版社法规中心

2024年12月

目　录

附　　录

《中华人民共和国旅游法》适用提要

旅游产业链条长，关联行业广，涉及部门多，很难针对不同类型旅游活动单独立法，只能采取综合立法模式。2013 年 4 月 25 日，第十二届全国人民代表大会常务委员会第二次会议通过了《旅游法》[①]，共设 10 章 112 条，除总则、附则之外，分别对旅游者、旅游规划和促进、旅游经营、旅游服务合同、旅游安全、旅游监督管理、旅游纠纷处理、法律责任作出规定，涵盖了行政法、经济法、民法的内容。2016 年 11 月 7 日，第十二届全国人民代表大会常务委员会第二十四次会议通过了《关于修改〈中华人民共和国对外贸易法〉等十二部法律的决定》，对《旅游法》进行第一次修正；2018 年 10 月 26 日，第十三届全国人民代表大会常务委员会第六次会议通过了《关于修改〈中华人民共和国野生动物保护法〉等十五部法律的决定》，对《旅游法》进行第二次修正。《旅游法》的制定和实施，对切实保护旅游者的合法权益，规范旅游市场秩序，促进旅游业发展等，具有重大的现实意义和深远的历史意义。

一、突出《旅游法》的保障地位

在维护旅游者权益方面，《旅游法》单设"旅游者"一章，以具体权利落实对旅游者保护。同时，还在其他各章以保障旅游者合

---

① 为方便读者阅读，本书中的法律法规名称均使用简称。

法权益为主线作出更加详细的规定。

在保障旅游经营者及其从业人员权益方面,《旅游法》注重平衡对旅游经营者权益的保障。在遇有不可抗力、合同不能继续履行的情况下,赋予旅行社变更、解除合同的权利;为解决旅游经营者责任问题,针对旅游活动中出现的各种情况,法律规定了公平合理分担责任的原则,并建立了责任保险制度。为保障旅游从业人员合法权益,法律专门规定,旅行社应当与导游签订劳动合同,支付劳动报酬、缴纳社会保险或者支付导游服务费用,不得要求导游垫付或者向导游收取费用。

在保护旅游资源方面,《旅游法》提出旅游业发展遵循社会效益、经济效益和生态效益相统一的原则,在有效保护前提下,依法合理利用旅游资源。对自然资源和人文资源进行旅游利用,必须严格遵守有关法律、法规的规定,符合资源、生态保护与文物安全的要求,尊重和维护当地传统文化和习俗,维护资源的区域整体性、文化代表性和地域特殊性,并考虑军事设施保护的需要。政府应当加强对资源保护和旅游利用状况的监督检查。

在保障旅游安全方面,《旅游法》确立政府统一负责、部门依法监管、旅游经营者具体负责、旅游者自我保护的全程责任制度:一是设立事前预防制度,包括旅游目的地安全风险提示、流量控制,旅游经营者安全评估、警示、培训等;二是设立事中安全管理制度,包括政府安全监管和救助,旅游经营者报告和救助,旅游者遵守安全规定等;三是设立事后应急处置制度,包括政府和旅游经营者处置责任,旅游者配合并依法承担费用等义务。

二、强化《旅游法》的规范功能

在规范旅游经营方面,《旅游法》确立了旅游经营的基本制度。对于旅游经营者,法律明确了旅行社许可条件、业务范围、经营规则,规定旅行社不得虚假宣传,不得安排违法和违反社会公德项目等。对于旅游从业人员,法律明确了从业条件,要求导游、领队必须持证上岗,为旅游者提供服务必须接受旅行社的委派。导游、领队不得擅自变更旅游行程或者中止服务活动,不得向旅游者索取小费,不得诱导、欺骗、强迫旅游者购物或者参加另行付费项目。关于景区,法律明确了开放条件,要求利用公共资源建设的游览场所应当体现公益性质,对门票价格作出更加细致的规定。关于新兴旅游业态,法律对农家乐、高风险旅游项目、网络经营以及其他旅游经营活动作出明确规定。同时还明确了旅游经营相应的法律责任。

在规范旅游服务合同方面,《旅游法》对包价旅游合同的订立、变更、解除、违约作了全面具体的规定,进一步明确了包价旅游合同的主要内容、旅行社说明义务、合同解除各种情形以及责任分担,并对旅游安排合同、代订合同、咨询合同和住宿合同衔接作了原则规定。从法律上规定了旅游者与旅行社、组团社与地接社、委托社与代理社、旅行社与履行辅助人之间的特殊责任分担制度。同时还对旅游者义务提出了明确要求,对法律责任进行了系统规定。

在规范旅游监管方面,《旅游法》明确了政府牵头部门分工负责的监管机制、联合执法机制、统一受理投诉机制、违法行为查处信息共享机制、跨部门跨地区督办机制、监督检查情况公布机制;禁止旅游主管部门及其工作人员参与任何形式的旅游经营活动;要求旅游行业组织依法制定行业经营规范和服务标准,对其会员的经营行为和服务质量进行自律管理,组织业务培训,提高从业人员素质。《旅游法》还对旅游纠纷处理的途径、程序和法律责任进行了规定。

三、发挥《旅游法》的促进作用

在健全旅游管理体制方面,《旅游法》规定国务院建立健全旅游综合协调机制,对旅游业发展进行综合协调。要求县级以上地方政府加强对旅游工作的组织和领导,明确相关部门或者机构,对本行政区域旅游业发展和监督管理进行统筹协调。

在强化旅游发展规划方面,《旅游法》进一步明确了旅游发展规划的编制主体、内容要求,以及旅游发展规划与土地利用总体规划、城乡规划、环境保护规划以及其他自然资源和人文资源的保护和利用规划的衔接,要求将旅游业发展纳入国民经济和社会发展规划。

在完善旅游产业发展机制方面,《旅游法》进一步明确了各级政府促进旅游产业发展的职责。一是制定并组织实施有利于旅游业持续健康发展的产业政策,推进休闲体系建设,采取措施推动区域合作,促进旅游与其他产业的融合,扶持特殊地区旅游业发展;二是根据实际情况安排资金,加强旅游基础设施建设、公共服务和形象推广;三是根据需要建立旅游公共信息和咨询平台,建立客运专线或者游客中转站,向旅游者提供必要的公共服务;四是倡导健康、文明、环保的旅游方式,支持和鼓励各类社会机构开展旅游公益宣传,鼓励和支持发展旅游职业教育和培训,提高从业人员素质。

中华人民共和国旅游法

（2013年4月25日第十二届全国人民代表大会常务委员会第二次会议通过　根据2016年11月7日第十二届全国人民代表大会常务委员会第二十四次会议《关于修改〈中华人民共和国对外贸易法〉等十二部法律的决定》第一次修正　根据2018年10月26日第十三届全国人民代表大会常务委员会第六次会议《关于修改〈中华人民共和国野生动物保护法〉等十五部法律的决定》第二次修正）

第一章　总　　则

第一条　【立法目的】[①]为保障旅游者和旅游经营者的合法权益，规范旅游市场秩序，保护和合理利用旅游资源，促进旅游业持续健康发展，制定本法。

条文注释[②]

本条是关于本法立法目的的规定。

本条根据我国旅游业发展的现状和目标，总结旅游业发展的实践经验和存在的突出问题，确定了以下立法目的：

1. 保障旅游者和旅游经营者的合法权益，规范旅游市场秩序

“零负团费”等破坏旅游市场经营秩序的行为，不仅损害了旅游

①②　条文主旨、条文注释为编者所加，下同。

者的合法权益，也给旅游经营者的正当经营行为带来了严重冲击，旅游业内甚至出现了“守法者吃亏，违法者生意兴隆”的错误认识，为实现旅游业的健康持续发展，亟须通过规范旅游市场经营秩序来维护旅游经营者的合法权益。

2. 保护和合理利用旅游资源

从某种意义上说，旅游资源具有不可替代性。因此，保护资源是旅游开发利用的前提，合理利用是实现资源保护的有效途径。一些地方旅游项目存在盲目建设、过度开发、忽视资源的自然价值和人文内涵等问题，破坏了旅游资源的区域整体性、文化代表性、地域特殊性，影响到旅游资源的永续利用和旅游业的可持续发展。对此，本法强调在有效保护旅游资源的前提下，依法合理利用旅游资源，实现保护和合理利用旅游资源的有机统一。

3. 促进旅游业持续健康发展

旅游业涉及的领域广、产业带动力强、创造就业多、资源消耗低、综合效益好。发展旅游业，可以有效拉动居民消费和社会投资，优化产业结构，扩大劳动就业，增加居民收入，推动科学发展，促进社会和谐。制定本法是促进旅游业持续健康发展，充分发挥旅游业对经济建设、文化建设、社会建设、生态文明建设的综合推动作用的需要。

第二条 【适用范围】在中华人民共和国境内的和在中华人民共和国境内组织到境外的游览、度假、休闲等形式的旅游活动以及为旅游活动提供相关服务的经营活动，适用本法。

条文注释

本条是关于本法适用范围的规定。

1. 本法适用的地域范围

本条对本法适用的地域范围作出了明确表述。本法作为国内法，其效力范围仅限于我国境内的旅游活动和旅游经营活动。一是在我国境内的旅游活动，主要包括我国公民在境内的旅游活动和外国旅游者的入境旅游活动；二是在我国境内，通过旅行社等经营者组织，由我国境内赴境外的团队旅游活动，即旅行社组织的出境旅游活动的全程，包括对派出领队的管理，对境外导游和旅游者活动的监督、劝阻，对旅游活动的内容安排等。对于个人出境旅游活动，则主要适用《出境入境管理法》等相关法律。

需要指出的是，旅游者在境外旅游活动应当遵守相关国家或地区的法律，同时，按照属人管辖原则，本法对中国公民在境外的一些旅游活动及行为也作了要遵守我国有关法律、法规的规定。

2. 本法适用的主体、行为范围

根据本条规定，本法规范和调整的对象主要有两类：一类是从事游览、度假、休闲等形式的旅游活动；另一类是为这些旅游活动提供相关服务的经营活动。从主体范围来说，本条未对本法的适用主体作出具体限定，因此凡从事上述活动的单位和个人都应遵守本法。对于行为范围，除观光、休闲、度假等有特定目的的旅游活动和经营行为外，由于旅游涉及面广，包含吃、住、行、游、购、娱各个环节，本法规定，旅游活动提供相关服务的其他行业的经营行为也纳入本法调整范围。对于个体旅游者参加的自助游、自驾游等旅游活动，其相关法律关系可通过《消费者权益保护法》《民法典》等相关民事法律进行调整。

第三条 【国家发展旅游事业】国家发展旅游事业，完善旅游公共服务，依法保护旅游者在旅游活动中的权利。

条文注释

本条是关于对国家发展旅游事业，完善旅游公共服务的职责要求和保护旅游者权利的规定。

1. 国家发展旅游事业

近年来，新兴市场主体加速涌入，旅游发展开始进入“供给迎合需求”到“供给创造需求”的新阶段。政府涉旅财政政策更加积极，政策重点从需求侧为主的逆周期调节转向兼顾需求侧和供给侧的跨周期调控。本条对国家在发展旅游业方面的职责提出了原则要求。各级人民政府及有关部门应当按照本法的要求，大力提升旅游产品的供给能力，加快完善以交通、旅游配套服务设施为重点的旅游基础设施建设，加强旅游市场监管，提高旅游业发展的质量。

2. 国家完善旅游公共服务

根据原国家旅游局发布的《关于进一步做好旅游公共服务工作的意见》，旅游公共服务包括五大体系，即旅游信息咨询服务体系、旅游安全保障服务体系、旅游交通便捷服务体系、旅游便民惠民服务体系、旅游行政服务体系。文化和旅游部等发布的《关于推进旅游公共服务高质量发展的指导意见》明确了我国促进旅游业高质量发展的五大任务，即优化旅游公共信息服务、完善旅游公共交通服务、强化旅游应急救援服务、加强旅游惠民便民服务、促进公共文化服务和旅游公共服务融合发展。本法在第三章“旅游规划和促进”中，对国家提供旅游公共服务提出了一系列具体要求，其是对本条规定的具体细化。

3. 国家依法保护旅游者在旅游活动中的权利

本法确立了以人为本，突出保护旅游者合法权益的宗旨，该宗旨贯穿于本法之中。除本条对依法保护旅游者在旅游活动中的权利作出原则规定外，本法第1条将保障旅游者的合法权益放在首要位置，专设“旅游者”一章明确旅游者对旅游产品和服务的自主选择权、拒绝交易权、知情权及请求救助和保护权等基本权利，在规范旅游经营行为方面着重对“零负团费”的治理、旅行社和导游行为作出规范，通过旅游合同明确各方当事人的权利义务，加强旅游安全保障工作、完善纠纷投诉受理机制等都体现了保护旅游者合法权益这一宗旨。各级人民政府及有关部门应当建立和完善相关制度，通过完善旅游公共服务、加强旅游市场监管、推动旅游诚信体系建设、强化旅游安全管理等切实做到保护旅游者的合法权利。

关联法规

《关于进一步做好旅游公共服务工作的意见》

《关于推进旅游公共服务高质量发展的指导意见》

第四条 【基本原则】旅游业发展应当遵循社会效益、经济效益和生态效益相统一的原则。国家鼓励各类市场主体在有效保护旅游资源的前提下,依法合理利用旅游资源。利用公共资源建设的游览场所应当体现公益性质。

条文注释

本条是关于发展旅游业应当遵循的原则的规定。

1. 旅游业发展应当遵循社会效益、经济效益和生态效益相统一的原则

为促进旅游业的持续健康发展,充分发挥旅游业对经济建设、文化建设、社会建设、生态文明建设的综合推动作用,本条专门对旅游业发展的原则作出了规定,即旅游业发展应当遵循社会效益、经济效益和生态效益相统一的原则。

2. 国家鼓励各类市场主体在有效保护旅游资源的前提下,依法合理利用旅游资源

本条对各类市场主体提出了在有效保护旅游资源的前提下,依法合理利用旅游资源的要求,目的是引导各类市场主体在遵守法律、法规的前提下,更多地参与旅游发展,承担应有的社会责任。本法还在旅游发展规划、景区开放条件等方面对保护旅游资源作出相应的规定。

3. 利用公共资源建设的游览场所应当体现公益性质

按照社会效益、经济效益、生态效益相统一的原则,利用公共资源建设的游览场所应当更多地考虑社会效益,这是旅游业发展的必然要求。但一些地方的旅游发展仍停留在“门票经济”阶段,人民群众对一些利用公共资源建设的景区随意涨价等问题反应强烈。对此,本条也对利用公共资源建设的游览场所应当体现公益性质作出原则要求。同时,本法相关条文也根据这一要求作出更加具体的规定,如本法第11条规定,残疾人、老年人、未成年人等旅游者在旅游活动中依照法律、法规和有关规定享受便利和优惠;第43条和第44

条对景区门票及另行收费项目的价格管理作出了具体规定，并对公益性的城市公园、博物馆、纪念馆等应当逐步免费开放提出了要求。

第五条　【社会参与】国家倡导健康、文明、环保的旅游方式，支持和鼓励各类社会机构开展旅游公益宣传，对促进旅游业发展做出突出贡献的单位和个人给予奖励。

第六条　【旅游市场规范】国家建立健全旅游服务标准和市场规则，禁止行业垄断和地区垄断。旅游经营者应当诚信经营，公平竞争，承担社会责任，为旅游者提供安全、健康、卫生、方便的旅游服务。

条文注释

本条是关于旅游市场规范的原则规定。

1. 国家建立健全旅游服务标准和市场规则，禁止行业垄断和地区垄断

目前，国务院有关部门已制定了一些旅游行业的服务标准。这些标准大多是非强制性的，由相关旅游经营者自愿根据这些服务标准申请取得相关质量标准等级，并可在经营活动中使用相应的质量标准等级标识，以标明其提供的服务质量等级并方便公众辨识。

此外，国家应当采取措施禁止旅游经营中的行业垄断和地区垄断，以保护市场公平竞争，提高旅游市场效率，维护旅游者、旅游经营者的合法权益和社会公共利益。《反不正当竞争法》《反垄断法》《国务院关于禁止在市场经济活动中实行地区封锁的规定》及相关法律、法规对禁止行业和地区垄断都有明确规定。本条规定一方面是对上述法律法规的衔接，另一方面是为解决当前旅游市场中存在的个别地区、行业垄断问题进行的原则性规定。

2. 旅游经营者应当诚信经营，公平竞争，承担社会责任，为旅游者提供安全、健康、卫生、方便的旅游服务

这是对旅游经营者遵守旅游服务标准和市场规则提出的具体要求。主要包括：一是诚信经营，即在经营活动中应以诚为本，公平

确定与交易对方的权利义务，讲求信用，严格履行合同；二是公平竞争，即在经营活动中应当公平对待竞争对手，不得以虚假宣传、假冒他人标识、进行贿赂等不正当手段参与市场竞争，损害竞争对手的合法权益，破坏市场竞争秩序；三是承担社会责任，即旅游经营者在履行法律法规规定的强制性义务的基础上，为实现自身和社会可持续发展，在道德规范、商业伦理方面应承担防止环境污染、保护生态、维护职工权益以及参与社会公益事业等社会责任；四是为旅游者提供安全、健康、卫生、方便的旅游服务，满足旅游者参与旅游活动的基本需求。

关联法规

《反不正当竞争法》

《反垄断法》

《关于禁止在市场经济活动中实行地区封锁的规定》

第七条 【旅游综合协调机制】国务院建立健全旅游综合协调机制，对旅游业发展进行综合协调。

县级以上地方人民政府应当加强对旅游工作的组织和领导，明确相关部门或者机构，对本行政区域的旅游业发展和监督管理进行统筹协调。

条文注释

本条是关于旅游综合协调机制的规定。

1. 国务院建立健全旅游综合协调机制，对旅游业发展进行综合协调

按照本条的规定，国务院旅游综合协调机制的主要任务是对旅游发展进行综合协调，如制定国家旅游发展战略，组织编制全国旅游发展规划，协调和部署旅游发展的近期、中期、远期重点工作；协调全国或跨区域、跨行业的旅游规划和建设；协调旅游与文化、体育、工业、农业等相关产业的融合发展；协调全国旅游市场的综合监管、执法工作等。这一机制由与旅游业相关的多个部门组成，有明

确的落实机构，有比较完善的工作机制和议事规则，对各部门在促进旅游业发展和规范旅游市场中的职责进行细化和明确。

2. 县级以上地方人民政府应当加强对旅游工作的组织和领导，明确相关部门或者机构，对本行政区域的旅游业发展和监督管理进行统筹协调

本条在总结地方实践经验的基础上，要求县级以上地方人民政府加强对旅游工作的组织和领导，明确相关部门或者机构，对本行政区域的旅游业发展和监督管理进行统筹协调。各地方可以根据本地旅游资源和旅游业发展的实际情况和需要，指定或设立相应的部门、机构，加强对旅游工作的统筹协调。这些部门、机构可以是独立的，也可以由相关部门组成的协调机构。

第八条　【旅游行业组织】依法成立的旅游行业组织，实行自律管理。

条文注释

本条是关于旅游行业组织自律管理的原则规定。

行业组织，是依法成立，为实现会员共同意愿，按照法律及其章程开展活动的非营利性社会组织。充分发挥旅游行业组织的桥梁、纽带和服务、管理作用，是转变政府职能、提高旅游服务质量和水平、促进旅游业持续健康发展的必然要求。目前，我国旅游行业的有关企事业单位和有关社团组织已联合成立中国旅游协会，该协会是综合性的全国旅游行业组织。同时，还成立了中国旅行社协会、中国旅游饭店业协会、中国旅游车船协会和中国旅游景区协会等全国性行业组织以及专业分会。此外，各地方还成立了相应的地方旅游行业组织。本法确定了旅游行业组织的地位，明确了其职能，以充分发挥其在加强行业管理、促进旅游业发展方面的重要作用。

1. 旅游行业组织应依法成立

依照有关法律、行政法规的规定，设立旅游行业组织主要应具备下列条件：有必要的财产或者经费；有自己的名称、组织机构和场所；能够独立承担民事责任；依法办理登记。目前，行业组织设立的

主要依据是国务院颁布的《社会团体登记管理条例》。该条例对成立行业组织的条件、程序等作出了具体规定。各类旅游行业组织的设立应当遵循上述规定。

2. 行业组织实行自律管理

旅游行业组织除代表本行业利益，反映本行业要求，为会员提供相关服务外，一项重要职能就是对会员实行自律管理。行业组织的自律管理主要包括，制定会员共同遵守的规则和经营规范、协调会员相互间利益、建立会员信用制度、开展会员教育培训，以及对会员进行奖励和惩戒等。本法第 90 条对旅游行业组织的自律管理作了具体规定。依法成立的旅游行业组织应当依照本法和有关法律、行政法规，以及本行业组织的章程，履行自律管理的职责。

关联法规

《社会团体登记管理条例》

第二章 旅 游 者

第九条 【公平交易权】旅游者有权自主选择旅游产品和服务，有权拒绝旅游经营者的强制交易行为。

旅游者有权知悉其购买的旅游产品和服务的真实情况。

旅游者有权要求旅游经营者按照约定提供产品和服务。

条文注释

本条是关于旅游者对旅游产品和服务享有公平交易权利的规定。

旅游者作为一般消费者，在旅游活动中受《消费者权益保护法》等法律的保护。同时，针对旅游经营行为的特殊性和旅游活动具有的异地性、空间移动迅速等特点，为了保护旅游者的合法权益，有必要对旅游者的自主选择权、知情权和获得诚信服务权等作出规定。

旅游者向旅游经营者购买旅游产品和服务，属于民事法律关系，其特点是双方的法律地位平等。但在实践中，作为一方当事人的旅游者，与作为另一方当事人的旅行社、住宿、交通等旅游经营者及导游等旅游从业人员相比，由于信息不对称等原因，在特定情况下处于相对被动、弱势的地位。同时，相当一部分旅游者不清楚自己的权利，自我保护意识薄弱。本条针对旅游活动中这些突出问题，明确规定了旅游者在购买旅游产品和服务时的权利，旨在增强旅游者的自我保护意识和旅游经营者的责任意识。旅游者享有的此项权利主要可概括为：

1. 自主选择权

旅游者在购买旅游产品和服务时，享有与旅游经营者进行公平交易的权利。一是自主选择价格合理的旅游产品和服务。即使是已事先设计好的旅游服务格式合同，旅游经营者也应当允许、尊重和保护旅游者的自主选择。如旅游者不希望参加旅游产品中的某类项目，旅游经营者应当同意，不得强迫其购买。二是旅游者有权拒绝旅游经营者的强制交易行为。有的旅游经营者往往违反平等自愿、公平交易的市场准则，以旅游者需要的旅游产品和服务已没有名额等为由，推荐价格更高的旅游产品和服务；有的旅游经营者在未达到约定的人数不能出团时，未征得旅游者的书面同意，擅自将旅游者转团、并团，甚至卖团，从而损害旅游者的自主选择权。

2. 知情权

知情权是指知悉、获取信息的自由与权利。旅游者一是有权要求宣传信息真实。旅游活动经常跨地域进行，信息的描述对旅游者作出购买旅游产品和服务的决定起着至关重要的作用。多数旅游者是第一次接触旅游目的地信息，旅游经营者在宣传手册中提供的各项信息、行程安排、价格等，必须真实准确，对旅游中存在的风险必须予以充分提示，不能利用其掌握信息和情况的绝对优势，做夸大或者虚假宣传，误导、诱骗旅游者购买其旅游产品和服务。二是有权要求旅游经营者作为合同一方主体的情况真实。在包价旅游合同中，负责签约的旅行社将接待业务委托给地接社履行的，应当载明地接社的名称及相关信息；如果签约的旅行社是受其他旅行社的委托代理销售包价旅游产品的，应当载明委托社和签约旅行社的名称及相关信息，从而方便旅游者知道为其提供服务的对象的真实身份，在发生问题和纠纷时，能够及时维护自身的合法权益。三是有权获知旅游产品和服务的真实详情。旅游者有权要求旅游经营者提供行程、项目的具体安排，入住饭店的星级情况，乘坐交通工具的种类和级别等信息。

3. 获得诚信服务权

旅游者享有接受诚信服务的权利。一是有权要求旅游经营者按照约定提供产品和服务。约定可以是口头的，也可以是书面的。二是有权要求旅游经营者严格依照合同约定和旅游行程单的安排，全面履行义务。根据本法和《民法典》等相关法律的要求，旅游经营者在旅游行程开始前、过程中，均应遵循诚实信用原则，不得随意增加或者减少旅游项目，降低服务标准，擅自变更旅游行程安排。如果旅游经营者不履行或者未按合同约定全面履行义务，旅游者有权要求其承担继续履行、采取补救措施或者赔偿损失等责任；如果发生不可抗力或者旅游经营者已尽合理注意义务仍不能避免的事件，影响旅游行程，导致合同不能完全履行，旅游经营者应向旅游者作出说明，可以在合理范围内变更合同；旅游者不同意变更的，可以解除合同。无论是合同变更还是解除，旅游经营者应当采取适当措施，将损失减最小。三是除旅游者自己提出解除，或者出现本法第66条规定的旅游者自身原因引起合同解除情形，第67条规定的发生不可抗力或旅游经营者已尽合理注意义务仍不能避免的情形等，旅游经营者不得擅自解除合同。

需要说明的是，我国保护消费者权益的法律也同样适用旅游者。本法未作规定的，适用《消费者权益保护法》和其他相关法律。

第十条 【受尊重权】旅游者的人格尊严、民族风俗习惯和宗教信仰应当得到尊重。

条文注释

本条是关于旅游者享有受尊重权的规定。

人格尊严、民族风俗习惯和宗教信仰应当得到尊重，是旅游者基本权利的重要体现。人格尊严在法律上是人格权的一部分，人格权是整个法律体系中的一种基础性权利，是社会个体生存和发展的基础。我国《宪法》规定，国家尊重和保障人权。中华人民共和国公民的人格尊严不受侵犯，有宗教信仰自由。一是旅游者不分民族、种族、性别、职业、家庭出身、宗教信仰、教育程度、财产状况等，都有权参与与自身行为能力和健康状况相适应的旅游活动。二是来自各民族、各地区的旅游者要互相尊重，和睦相处。我国是一个多民族的国家，在长期的发展中，各民族有着历史形成的、独特的生活习性、风俗习惯和宗教信仰。本法有针对性地赋予旅游者受尊重权，是为了保障旅游者在旅游活动中，能够真正愉悦身心，增强幸福感和满足感。

第十一条 【特殊群体的便利和优惠】残疾人、老年人、未成年人等旅游者在旅游活动中依照法律、法规和有关规定享受便利和优惠。

条文注释

本条是关于对特殊群体旅游者依法给予便利和优惠的规定。

考虑到随着经济的发展和国家财力的增强，现实生活中给予便利和优惠的对象可能不断扩大，本法难以作出周延规定；同时一些法律、法规对给予便利和优惠的对象已经作出了相关规定。所以，本条在明确给予便利和优惠的对象上没有采取列举的方式，而用“等”字予以概括；在给予便利和优惠的内容上，“依照法律、法规和有关规定”执行，为更多群体享受便利和优惠留下了发展空间。

需要说明的是，本条属于倡导性规定。一是各地方人民代表大会常务委员会和政府在财力许可的情况下，可以通过制定地方法规和相关规定，扩大给予便利和优惠对象的适用范围。一些公益性城市休闲公园，已实行免票开放。二是虽属于倡导性规定，但并不意味着景区等相关单位可以不执行本法和相关法律、法规及规定对特殊群体给予便利和优惠的要求，缩窄适用范围。

第十二条 【获得救助权和赔偿】旅游者在人身、财产安全遇有危险时,有请求救助和保护的权利。

旅游者人身、财产受到侵害的,有依法获得赔偿的权利。

条文注释

本条是关于旅游者在人身和财产遇有危险和受到侵害时有要求救助和赔偿的权利的规定。

旅游活动多在户外进行,"游山玩水"中的安全问题不容忽视。本法高度重视旅游者的人身安全和财产安全,不但在本条从旅游者权利的角度作出规定,还在本法设"旅游安全"专章,对旅游经营者、当地政府及相关机构对旅游者的救助责任分别作出规定。

1. 旅游者在人身、财产安全遇有危险时,有请求救助和保护的权利

旅游者在人身、财产安全遇有危险时,有权请求旅游经营者、当地政府和相关机构进行及时救助。中国出境旅游者在境外陷入困境时,有权请求我国驻当地机构在其职责范围内给予协助和保护。法律规定的特定义务人接到报警求助后必须立即组织施救。

本法规定的"旅游经营者"包括旅行社及其从业人员、景区以及为旅游者提供交通、住宿、餐饮、购物、娱乐等服务的经营者。一般而言,旅行社及有关旅游经营者在接到求助时应立即按照法律法规的规定向有关部门报告,同时展开必要的救助,事后还应配合有关方面做好善后工作。"当地政府"可以是乡镇、市(县)或者省级人民政府。在跨行政区域的地区发生危险的,相关的当地政府要协调配合,共同援救。《突发事件应对法》第73条规定,自然灾害、事故灾难或者公共卫生事件发生后,履行统一领导职责的人民政府应当采取单项或者多项应急处置措施,如组织营救和救治受害人员,转移、疏散、撤离并妥善安置受到威胁的人员以及采取其他救助措施。"相关机构"主要指负有法定职责的特定义务人。

本法第81条和第82条对施救责任作了具体规定。需要说明的是,本法没有列明具体的救助机构,是考虑到旅游者人身和财产遇

有危险和受到侵害时的情况复杂，参加救助的机构不同。本法根据危险发生的情况，依照相关法律、法规的规定，要求负有法定义务的机构参与救助，增强了事件处置的灵活性和可操作性。

此外，保护人身、财产安全，也是旅游者自己的重要责任。本法第82条同时规定，旅游者接受相关组织或者机构的救助后，应当支付应由个人承担的费用，体现了“谁使用，谁付费”的平等原则。

2. 旅游者人身、财产受到侵害的，有依法获得赔偿的权利

旅游活动涉及吃、住、行、游、购、娱六大要素，以及多个行业和部门，造成“侵害”的因素和侵害的主体较为复杂。实践中侵害的发生情形有很多种，有因旅游经营者合同违约给旅游者造成侵害，也有因侵权行为给旅游者造成侵害。如旅行社不履行包价旅游合同义务或者履行合同义务不符合约定的，应当依法承担继续履行、采取补救措施或者赔偿损失等违约责任；造成旅游者人身损害、财产损失的，应当依法承担赔偿责任。旅行社具备履行条件，经旅游者要求仍拒绝履行合同，造成旅游者人身损害、滞留等严重后果的，旅游者还可以要求旅行社支付旅游费用1倍以上3倍以下的赔偿金。包价旅游合同中旅游者自行安排活动期间，旅行社未尽到安全提示、救助义务的，应当对旅游者的人身损害、财产损失承担相应责任（本法第70条第1款、第3款）；景区、住宿经营者将其部分经营项目或者场地交由他人从事住宿、餐饮、购物、游览、娱乐、旅游交通等经营的，应当对实际经营者的经营行为给旅游者造成的损害承担连带责任（本法第54条）。同时，考虑到旅行社作为旅游活动的组织者，本法第71条第2款规定，“由于地接社、履行辅助人的原因造成旅游者人身损害、财产损失的，旅游者可以要求地接社、履行辅助人承担赔偿责任，也可以要求组团社承担赔偿责任；组团社承担责任后可以向地接社、履行辅助人追偿。但是，由于公共交通经营者的原因造成旅游者人身损害、财产损失的，由公共交通经营者依法承担赔偿责任，旅行社应当协助旅游者向公共交通经营者索赔”。由于其他原因造成旅游者人身损害、财产损失，本法未作规定的，适用《民法典》侵权责任编及相关法律的规定。

旅游者人身、财产受到侵害的，可依法循以下途径请求赔偿：一是协商，向对方当事人要求赔偿；二是调解，向消费者协会、旅游投诉受理机构或者有关调解组织申请调解；三是仲裁，根据与旅游经营者达成的仲裁协议提请仲裁机构仲裁；四是诉讼，向人民法院起诉。

关联法规

《突发事件应对法》第73条

第十三条　【文明旅游】旅游者在旅游活动中应当遵守社会公共秩序和社会公德，尊重当地的风俗习惯、文化传统和宗教信仰，爱护旅游资源，保护生态环境，遵守旅游文明行为规范。

条文注释

本条是关于旅游者文明旅游的规定。

本条中所指旅游文明行为规范，主要是指中央精神文明建设指导委员会办公室与原国家旅游局于2006年10月公布的《中国公民出境旅游文明行为指南》和《中国公民国内旅游文明行为公约》。该指南和公约专门针对中国公民出境旅游和国内旅游较易出现的不文明行为，用通俗易懂的语言、简明扼要的形式，对公民文明旅游提出了基本要求，具有较强的指导性，旅游者应当遵守上述行为规范。对于刻画、涂污或者以其他方式故意损坏国家保护的文物、名胜古迹的行为，我国《治安管理处罚法》规定了相应的法律责任。本法除了对旅游者遵守旅游文明行为规范作了规定外，本法第41条还规定，导游和领队应当向旅游者告知和解释旅游文明行为规范，劝阻旅游者违反社会公德的行为。

第十四条　【不得损害他人合法权益】旅游者在旅游活动中或者在解决纠纷时，不得损害当地居民的合法权益，不得干扰他人的旅游活动，不得损害旅游经营者和旅游从业人员的合法权益。

条文注释

本条是关于旅游者不得损害他人合法权益的规定。

本法除在本条对旅游者损害当地居民合法权益、干扰他人旅游活动、损害旅游经营者和旅游从业人员合法权益的行为予以禁止外，还在第66条规定，旅游者从事严重影响其他旅游者权益的活动，且不听劝阻、不能制止的，旅行社可以解除合同，给旅行社造成损失的，旅游者应当依法承担赔偿责任；在第72条规定，旅游者在旅游活动中或者在解决纠纷时，损害旅行社、履行辅助人、旅游从业人员或者其他旅游者的合法权益的，依法承担赔偿责任。

第十五条 【旅游者安全义务】游者购买、接受旅游服务时，应当向旅游经营者如实告知与旅游活动相关的个人健康信息，遵守旅游活动中的安全警示规定。

旅游者对国家应对重大突发事件暂时限制旅游活动的措施以及有关部门、机构或者旅游经营者采取的安全防范和应急处置措施，应当予以配合。

旅游者违反安全警示规定，或者对国家应对重大突发事件暂时限制旅游活动的措施、安全防范和应急处置措施不予配合的，依法承担相应责任。

条文注释

本条是关于旅游者安全义务的规定。

安全是旅游活动的基本要求，保障旅游安全，不仅政府及其有关部门、旅游经营者应承担相应的责任，旅游者也应负有相应的安全义务，本条对此明确予以规定。

1. 如实告知个人健康信息、遵守安全警示规定

旅游者如实告知旅游经营者其与旅游活动相关的个人健康信息，有利于旅游经营者判断是否接纳旅游者参加相应的旅游活动，也有利于旅游经营者在接受旅游者报名后在合理范围内给予特别关照，减少安全隐患。旅游者履行这一告知义务，是对自身安全、其

他旅游者安全的负责，也是与旅游经营者诚信缔约、履约的要求。这一告知义务，不仅局限于购买旅游服务当时，还包括接受旅游服务的过程中。相应地，根据本法第80条，旅游经营者也应当就旅游活动中不适宜参加相关活动的群体等事项，以明示的方式事先向旅游者作出说明或者警示。为保障旅游者人身安全，旅游者还需遵守旅游活动中的安全警示规定。这一安全警示规定，可以是旅行社、景区的安全警示规定，也可以是为旅游者提供交通、住宿、餐饮、购物、娱乐等服务的经营者的安全警示规定。安全警示规定的内容主要包括：正确使用相关设施、设备的方法；必要的安全防范和应急措施；未向旅游者开放的经营、服务场所和设施、设备；不适宜参加相关活动的群体；可能危及旅游者人身、财产安全的其他情形。

2. 对国家应对重大突发事件暂时限制旅游活动的措施、安全防范和应急处置措施予以配合

根据我国《突发事件应对法》，突发事件是指突然发生，造成或者可能造成严重社会危害，需要采取应急处置措施予以应对的自然灾害、事故灾难、公共卫生事件和社会安全事件。按照社会危害程度、影响范围等因素，突发自然灾害、事故灾难、公共卫生事件分为特别重大、重大、较大和一般四级。旅游者在旅游活动中难免会遇到突发事件。发生突发事件时，有关人民政府会组织有关部门采取相应的应急处置措施，如疏散、撤离并妥善安置受到威胁的人员；标明危险区域，封锁危险场所，规定警戒区，实行交通管制以及其他控制措施；禁止或者限制使用有关设备、设施，关闭或者限制使用有关场所，中止人员密集的活动。根据本法，旅游经营者也会采取必要的处置措施，对旅游者作出妥善安排。为了保障旅游安全，旅游者应当服从指挥和安排，配合应对重大突发事件暂时限制旅游活动的措施以及有关部门、机构或者旅游经营者采取的安全防范和应急处置措施。

3. 旅游者的安全责任

本法对旅游安全作了专章规定，对政府和有关机构对旅游者的安全保障责任作了规定，为保障旅游安全，旅游者也同样负有旅游

安全义务,不能违反安全警示规定。旅游者对国家应对重大突发事件暂时限制旅游活动的措施、安全防范和应急处置措施不予配合的,须依法承担相应责任。具体而言,因旅游者的上述行为造成旅游者自身损失的,应当由自己承担责任;给他人或国家造成损失的,应当依照相关法律、法规的规定承担赔偿责任;有些情况下,甚至可能承担刑事责任。

关联法规

《突发事件应对法》

第十六条　【出境入境旅游者义务】出境旅游者不得在境外非法滞留,随团出境的旅游者不得擅自分团、脱团。

入境旅游者不得在境内非法滞留,随团入境的旅游者不得擅自分团、脱团。

条文注释

本条是关于旅游者不得非法滞留以及擅自分团、脱团的规定。

出境旅游者前往其他国家或者地区,一般需要取得前往国或地区的签证或者其他入境许可证明。该签证或者其他入境许可证明上载有入境有效期、停留期间等事项,出境旅游者不得超出签证有效期、停留期间在境外非法滞留。

第三章　旅游规划和促进

第十七条　【规划编制】国务院和县级以上地方人民政府应当将旅游业发展纳入国民经济和社会发展规划。

国务院和省、自治区、直辖市人民政府以及旅游资源丰富的设区的市和县级人民政府,应当按照国民经济和社会发展规划的要求,组织编制旅游发展规划。对跨行政区域且适宜进行整体利用的旅游资源进行利用时，应当由上级人民政府组织编制或者由相关地方人民政府协商编制统一的旅游发展规划。

条文注释

本条是关于旅游产业定位和政府组织编制旅游发展规划职责要求的规定。

1. 确定政府是旅游发展规划组织编制的主体

旅游产业具有综合性特征，编制旅游发展规划，需要与一系列法定规划相协调，在我国现行体制下，这种协调的任务通常由政府承担。为此，本法将需要编制旅游发展规划的主体范围定位在"国务院和省、自治区、直辖市人民政府以及旅游资源丰富的设区的市和县级人民政府"。至于政府具体的组织方式，以及组织哪些部门编制，本法没有作出具体规定，需要各级政府根据自身的实际情况确定。

2. 对于跨行政区域且适宜进行整体利用的旅游资源，应当编制统一的旅游发展规划

"跨行政区域且适宜进行整体利用的旅游资源"，是指在地域上归属两个或两个以上行政区域管辖，但在空间或历史文化属性上具有不可分割性，不能分割开发，或分割开发效益低于整体开发效益的资源。这类资源具有较强的整体性，分别开发不仅是对资源的浪费，也会给旅游者的整体感受带来负面影响。为此，本法对这类资源编制发展规划作出特别规定，提出了编制统一的旅游发展规划的要求。

由于编制跨区域旅游发展规划涉及不同区域间的协调，本法规定，由上级人民政府组织编制或者由相关地方人民政府协商编制，具体的编制主体，各地可视情况而定。

第十八条　【规划内容】旅游发展规划应当包括旅游业发展的总体要求和发展目标，旅游资源保护和利用的要求和

措施,以及旅游产品开发、旅游服务质量提升、旅游文化建设、旅游形象推广、旅游基础设施和公共服务设施建设的要求和促进措施等内容。

根据旅游发展规划,县级以上地方人民政府可以编制重点旅游资源开发利用的专项规划,对特定区域内的旅游项目、设施和服务功能配套提出专门要求。

第十九条 【规划衔接】旅游发展规划应当与土地利用总体规划、城乡规划、环境保护规划以及其他自然资源和文物等人文资源的保护和利用规划相衔接。

条文注释

本条是关于旅游发展规划与其他法定规划相衔接的规定。

1. 与土地利用总体规划的衔接

作为指导土地管理的纲领性文件,土地利用总体规划是落实土地宏观调控和土地用途管制、规划城乡建设的重要依据。旅游发展规划与之衔接,主要体现在规划原则的衔接、土地用途及建设用地总量的衔接等方面。这种衔接主要包括:土地利用总体规划要适当增加旅游业发展用地,涵养风景、适宜进行旅游利用的土地应当尽量划定为旅游用地;旅游发展规划也应当根据土地利用总体规划合理确定旅游发展的目标和措施。

2. 与城乡规划的衔接

城乡规划是以促进城乡经济社会全面协调可持续发展为根本任务、促进土地科学使用为基础、促进人居环境根本改善为目的,涵盖城乡居民点的空间布局规划。具体包括城镇体系规划、城市规划、镇规划、乡规划和村庄规划。旅游发展规划与之衔接,就是要将促进旅游业发展作为城乡发展的重要目标之一,科学确定旅游功能分区、用地布局,合理配给和提供旅游基础设施、公共服务设施、建设旅游景观设施等,逐步完善城乡的"游憩"功能。这一衔接具体体现在旅游业空间发展格局与区域城镇体系空间及产业布局的衔接、旅游城镇及景区与区域交通格局的衔接、特定旅游区域与区域建设布局的衔接、重点旅游项目的落地衔接等方面。

3. 与环境保护规划的衔接

环境保护规划是指为解决现实的或潜在的环境问题，协调人与环境的关系，保障经济社会的持续发展，防止人类生存环境遭受非科学和非理性开发而编制的规划。旅游发展规划与其衔接，主要体现在其内容上，特别是旅游项目和设施的规划、建设要体现有关法律法规关于环境保护的要求，不得违反有关环境保护的禁止性规定。

4. 与其他自然资源、文物等保护和利用规划的衔接

旅游发展规划与其他自然资源、文物保护和利用规划的衔接原则可以归纳为：不违反禁止性规定，合法、合理地利用这些资源，发挥其最大效用，实现各产业共同发展，促进经济、环境、社会、文化效益和谐统一。这一衔接应当具有适度的前瞻性，同时，应特别注重解决现实中存在的突出问题，通过衔接，避免低水平重复建设、浪费资源、破坏资源等问题的产生。

第二十条　【规划兼顾】各级人民政府编制土地利用总体规划、城乡规划，应当充分考虑相关旅游项目、设施的空间布局和建设用地要求。规划和建设交通、通信、供水、供电、环保等基础设施和公共服务设施，应当兼顾旅游业发展的需要。

第二十一条　【资源保护】对自然资源和文物等人文资源进行旅游利用，必须严格遵守有关法律、法规的规定，符合资源、生态保护和文物安全的要求，尊重和维护当地传统文化和习俗，维护资源的区域整体性、文化代表性和地域特殊性，并考虑军事设施保护的需要。有关主管部门应当加强对资源保护和旅游利用状况的监督检查。

第二十二条 【规划执行评估】各级人民政府应当组织对本级政府编制的旅游发展规划的执行情况进行评估，并向社会公布。

条文注释

本条是关于政府应当组织对旅游发展规划执行情况进行评估的规定。

1. 政府是旅游发展规划评估的组织主体

政府的组织职能应当体现在以下方面：一是确定评估的周期，规划编制完成并开始执行后，即可以开始定期或不定期组织评估；二是确定参加评估的人员范围，并科学确定相应方面代表的比例；三是建立相应的评估工作机制和工作程序；四是确立评估标准和指标体系，以使评估工作有章可循，相对科学；五是对评估成果的落实等情况进行监督和检查，并建立责任追究制。具体的组织工作由谁牵头、是否采取委托等方式，可以根据各地实际需要由政府自行确定。

2. 评估的作用、内容及组织

规划评估具有两方面的作用：一是监督规划的执行，保证规划的有效执行；二是及时发现问题，调整和修编规划，提高规划的时效性和科学性。与此相对应，评估的内容也有两个方面，即规划确定的内容是否得到了严格执行，以及通过执行发现规划本身存在哪些问题。发现规划没有得到严格执行的，政府应该建立严格的责任追究制，通过内部程序进行解决，纠正偏差；发现规划本身存在问题的，应该及时调整或修编。

第二十三条 【政策扶持】国务院和县级以上地方人民政府应当制定并组织实施有利于旅游业持续健康发展的产业政策，推进旅游休闲体系建设，采取措施推动区域旅游合作，鼓励跨区域旅游线路和产品开发，促进旅游与工业、农

业、商业、文化、卫生、体育、科教等领域的融合，扶持少数民族地区、革命老区、边远地区和贫困地区旅游业发展。

条文注释

本条是关于对旅游产业进行政策扶持的规定。

本条对政府通过制定政策，促进旅游业发展提出了四个要求：

1. 推进旅游休闲体系建设

旅游休闲体系建设内涵十分丰富，从休闲时间的保障到休闲设施的完善，再到休闲服务的体系性支撑，都需要政府给予政策支持。国务院为此专门在2013年出台了《国民旅游休闲纲要》，把国民旅游休闲提高到一个新的历史高度。

2. 推动区域旅游合作

加强区域合作，有利于打破地区间的行政和非行政壁垒，形成合力，共同促进旅游业发展。通过政策指导和支持，鼓励跨区域旅游线路和产品开发，可以实现更大范围内的市场共享、资源共用、政策衔接、协调发展。

3. 促进旅游与其他产业的融合发展

目前观念、政策衔接欠佳导致结合的实际效果不好等问题仍然不同程度地存在，需要各级政府从更宏观的角度，通过政策扶持和协调予以解决。

4. 扶持老少边穷地区旅游业发展

一般来说，少数民族地区、革命老区、边远地区和贫困地区受区位交通、社会经济和发展基础等条件的制约，其旅游发展水平较低，发展速度较慢。同时，这些地区往往又是旅游资源的富集区，拥有较大市场开发价值的红色旅游资源、民俗旅游资源、生态旅游资源等。这些地区的旅游产业发展和社会经济发展具有更为重要的民生意义和政治意义，是发挥地域比较优势，实现当地居民脱贫致富和社会经济全面发展的最有效途径。近些年，国家和各地政府通过发展红色旅游、乡村旅游和扶贫旅游等多种方式，致力于促进这些地方的发展，取得了一定的效果，但其在经济发展全局中的相对弱势地位，决定了其仍然是需要政府特殊政策扶持的重点。

第二十四条　【资金支持】国务院和县级以上地方人民政府应当根据实际情况安排资金，加强旅游基础设施建设、旅游公共服务和旅游形象推广。

第二十五条　【旅游形象推广】国家制定并实施旅游形象推广战略。国务院旅游主管部门统筹组织国家旅游形象的境外推广工作，建立旅游形象推广机构和网络，开展旅游国际合作与交流。

县级以上地方人民政府统筹组织本地的旅游形象推广工作。

第二十六条　【公共服务】国务院旅游主管部门和县级以上地方人民政府应当根据需要建立旅游公共信息和咨询平台，无偿向旅游者提供旅游景区、线路、交通、气象、住宿、安全、医疗急救等必要信息和咨询服务。设区的市和县级人民政府有关部门应当根据需要在交通枢纽、商业中心和旅游者集中场所设置旅游咨询中心，在景区和通往主要景区的道路设置旅游指示标识。

旅游资源丰富的设区的市和县级人民政府可以根据本地的实际情况，建立旅游客运专线或者游客中转站，为旅游者在城市及周边旅游提供服务。

条文注释

本条是对加强旅游公共服务体系建设提出的具体要求。

理解本条，主要有两个关键点：一是明确了责任主体是“旅游资源丰富的设区的市和县级人民政府”。与城市及周边游相关的交通、信息等公共服务提供，涉及多个部门、多个行业，所以其必须在政府的统筹和领导下协调推动。二是明确了建立旅游客运专线或者游客中转站的公共服务提供方式。从实践经验看，旅游客运专线主要指联系城市中心区和城市及周边主要景区的专门客运服务；游客中转站一般是集游客集散、分流、旅游信息咨询服务等功能于一身的综合服务体。在一些地区，为解决通往景区的道路交通拥堵等问题，中转站还提供私家车泊车、转乘景区专线等服务，值得借鉴。

第二十七条　【职业教育和培训】国家鼓励和支持发展旅游职业教育和培训，提高旅游从业人员素质。

条文注释

本条是关于促进旅游职业教育和培训的规定。

本条所称的旅游从业人员，是指旅游活动涉及的吃、住、行、游、购、娱各方面的工作人员，包括直接或间接为旅游者提供服务的所有人员。由于这些从业人员归属于不同部门、不同行业，对其加强职业教育和培训，也是多部门责任。依据《职业教育法》，各部门已制定相应的加强从业人员职业教育和培育的部门规章、规范性文件，涉及这些部门管理的旅游从业人员，应当接受所在部门的职业教育和培训；此外，国务院发布的《关于加快发展旅游业的意见》、国务院办公厅发布的《关于释放旅游消费潜力推动旅游业高质量发展的若干措施》、国家发展改革委等发布的《关于大力发展旅游业促进就业的指导意见》，以及原国家旅游局发布的《旅游服务质量提升纲要》等，也从横向上对加强旅游从业人员职业教育和培训提出要求，进行政策引导，旅游部门和相关部门需要紧密配合，落实这些要求和规定，形成工作合力，以职业教育和培训为主要手段，不断提升旅游从业人员整体素质。

关联法规

《职业教育法》

《关于加快发展旅游业的意见》

《关于大力发展旅游业促进就业的指导意见》

《关于释放旅游消费潜力推动旅游业高质量发展的若干措施》

《旅游服务质量提升纲要》

第四章 旅游经营

第二十八条 【旅行社设立】设立旅行社,招徕、组织、接待旅游者,为其提供旅游服务,应当具备下列条件,取得旅游主管部门的许可,依法办理工商登记:

(一)有固定的经营场所;

(二)有必要的营业设施;

(三)有符合规定的注册资本;

(四)有必要的经营管理人员和导游;

(五)法律、行政法规规定的其他条件。

条文注释

本条是关于旅行社设立条件和程序的规定。

1. 旅行社及其业务内容

旅行社是从事招徕、组织、接待旅游者等活动,为旅游者提供旅游服务,开展国内旅游业务、入境旅游业务或者出境旅游业务的企业法人。

(1)招徕、组织、接待旅游者

招徕是指旅行社在旅游主管部门许可的业务范围内,在境内外开展宣传推销业务、招揽游客;组织是指旅行社根据市场供应和需求的可能性,事先自行或者按照旅游者的要求设计、编制或者选定旅游路线和线路中观光、度假、休闲的旅游项目,把此路线中为实现观光、度假、休闲目的所涉及的交通、游览、住宿、餐饮等要素,从其他服务提供者处分别采购来,加上自己所提供的导游或者领队服务,形成一个由自己和其他服务供应商提供的服务所组合成的服务产品;接待是指旅行社根据合同的约定,为旅游者实际提供食宿、交通、组织游览等服务。

(2)为旅游者提供旅游服务

本条规定的旅行社为旅游者提供的旅游服务通常包括:

第一,本法第五章和第111条中所指的包价旅游服务,即旅行社预先或者根据旅游者的要求安排行程,提供或者通过履行辅助人提供交通、住宿、餐饮、观光游览、休闲度假、导游、领队等两项以上组合旅游服务,并以总价打包销售的业务。这种业务属于旅行社专属业务,非旅行社不可经营。但需要说明的是,在交通工具上或者住宿场所内另外提供单项住宿、餐饮、交通、游览服务的,交通、住宿是其主营业务,交通工具上或者住宿场所内的其他服务是其服务的组成部分,具有配套性,因此,与旅行社采购、打包产品的专属业务不同,该服务无须取得旅游主管部门的许可即可提供。例如,高铁运输经营者为旅客提供餐饮服务的,不属于经营旅行社业务;住宿经营者为住宿客人提供餐饮、购物、机场接送等服务的,不属于经营旅行社业务。如果交通运输经营者在为旅客提供运输服务的同时,还组织旅客到相关目的地进行游览、住宿,则属于经营旅行社业务,应当取得旅行社业务经营许可。

第二,导游、领队服务。根据本法第40条的规定,导游和领队为旅游者提供服务必须接受旅行社的委派,因此,只有旅行社可以为旅游者提供导游、领队服务。

第三,本法第74条所指旅游代订、设计、咨询服务,即接受旅游者的委托,为其代订交通、住宿、餐饮、游览、娱乐等旅游服务,提供旅游行程设计、旅游信息咨询等服务,或者代办出境、入境、签证手续等旅游服务。这些业务中,除出境、签证手续等服务,只能由具备出境旅游业务经营权的旅行社代办外,其他业务均不是旅行社专属业务,非旅行社也可经营。

2. 旅行社设立的条件

(1)有固定的经营场所和必要的营业设施

根据《旅行社条例实施细则》第6条、第7条的规定,经营场所应当符合以下要求:申请者拥有产权的营业用房,或者申请者租用的、租期不少于1年的营业用房;营业用房应当满足申请者业务经营的需要。旅行社的营业设施应当包括2部以上的直线固定电话、传真机等。

(2)有符合规定的注册资本

根据《旅行社条例》第6条的规定，申请经营国内旅游业务和入境旅游业务的，应当取得企业法人资格，并且注册资本不少于30万元。

(3)有必要的经营管理人员和导游

该条件是本法新提出的要求，旅行社应当有必要的经营管理人员。同时，本法规定导游只能由旅行社委派才能从事导游服务，导游服务既是旅行社专属业务，也是包价旅游中最基础、常见的服务。旅行社有必要数量的专职导游，有利于保障旅游者的权益。本条所称的“必要的”主要是数量等要求，具体需要下位法细化。

(4)法律、行政法规规定的其他条件

这是兜底条款。本法对旅行社设立条件的规定比较原则，具体条件由行政法规来细化。

3.旅行社设立的程序

设立旅行社需要履行必要的程序，按照《旅行社条例》第7条的规定，首先是向相关旅游行政管理部门申请，然后取得受理申请的旅游行政管理部门的业务经营许可。

第二十九条　【旅行社业务范围】旅行社可以经营下列业务：

(一)境内旅游；

(二)出境旅游；

(三)边境旅游；

(四)入境旅游；

(五)其他旅游业务。

旅行社经营前款第二项和第三项业务，应当取得相应的业务经营许可，具体条件由国务院规定。

条文注释

本条是关于旅行社业务范围的规定。

1. 旅行社业务范围

(1)境内旅游

本条所称的境内旅游,是指在中华人民共和国领域内,除香港特别行政区、澳门特别行政区以及台湾地区之外的地区进行的旅游活动。

(2)出境旅游

根据《出境入境管理法》第89条的规定,“出境,是指由中国内地前往其他国家或者地区,由中国内地前往香港特别行政区、澳门特别行政区,由中国大陆前往台湾地区”。据此,出境旅游包括:一是中国内地居民前往其他国家或地区旅游;二是中国内地居民赴香港特别行政区、澳门特别行政区旅游;三是中国大陆居民前往台湾地区旅游;四是在中国内地的外国人、无国籍人,在内地的香港特别行政区、澳门特别行政区居民和在大陆的台湾地区居民前往其他国家或地区旅游。

(3)边境旅游

《出境入境管理法》第90条对边境地区居民往来作出了特别规定,即“经国务院批准,同毗邻国家接壤的省、自治区可以根据中国与有关国家签订的边界管理协定制定地方性法规、地方政府规章,对两国边境接壤地区的居民往来作出规定”。据此,边境旅游是指经批准的旅行社组织和接待我国及毗邻国家的公民,集体从指定的边境口岸出入境,在双方政府商定的区域和期限内进行的旅游活动。

(4)入境旅游

根据《出境入境管理法》第89条的规定,“入境,是指由其他国家或者地区进入中国内地,由香港特别行政区、澳门特别行政区进入中国内地,由台湾地区进入中国大陆”。据此,入境旅游包括:一是其他国家或者地区的旅游者来中国境内旅游;二是香港特别行政区、澳门特别行政区旅游者来内地旅游;三是台湾地区旅游者来大陆旅游。另外,在实际工作中,在中国境内长期居住的外国人、无国籍人和港澳台居民在境内旅游也作为入境旅游管理。

(5)其他旅游业务

这是兜底条款,如代订旅游服务,代售旅游产品,提供旅游设计、咨询等业务。根据旅游业发展的需要,旅行社可以从事的业务范围在不断拓展。

2. 出境旅游业务和边境旅游业务的经营许可

本条对旅行社经营出境旅游业务和边境旅游业务设定了特别许可,不经许可不得经营出境旅游业务和边境旅游业务,这是对《旅行社条例》及《边境旅游暂行管理办法》中相关制度的延续。同时,本条规定,旅行社经营出境旅游业务和边境旅游业务的具体条件由国务院规定。《旅行社条例》第8条规定,"旅行社取得经营许可满两年,且未因侵害旅游者合法权益受到行政机关罚款以上处罚的,可以申请经营出境旅游业务"。鉴于赴台游的特殊性,《大陆居民赴台湾地区旅游管理办法》规定赴台旅游实行特殊的许可。

关联法规

《出境入境管理法》第89条、第90条

《旅行社条例》

《边境旅游暂行管理办法》

《大陆居民赴台湾地区旅游管理办法》

第三十条　【禁止非法转让】旅行社不得出租、出借旅行社业务经营许可证,或者以其他形式非法转让旅行社业务经营许可。

条文注释

本条是关于旅行社不得非法转让旅行社业务经营许可的规定。

本条规定是对《行政许可法》有关制度的衔接,是对《旅行社条例》有关制度的延续。《行政许可法》第9条规定,"依法取得的行政许可,除法律、法规规定依照法定条件和程序可以转让的外,不得转让"。根据该法第80条第1项的规定,被许可人涂改、倒卖、出租、出借行政许可证件,或者以其他形式非法转让行政许可的,行政机关应当依法给予行政处罚;构成犯罪的,依法追究刑事责任。《旅行社条例》第47条也专门对旅行社转让、出租、出借旅行社业务经营许可证的行为作出了处罚规定。

(1)旅行社不得出租、出借旅行社业务经营许可证

出租是指将旅行社业务经营许可证件租给他人使用并收取租金的非法行为;出借是指无偿将旅行社业务经营行政许可证件借给他人使用的非法行为。旅行社业务经营许可证既是市场主体合法从事旅行社业务的凭证,也是国家对旅行社业进行监督管理的重要抓手。如果旅行社经营者确实无力、无意经营,其可以停止经营,申请旅游行政管理部门注销许可。总之不得通过出租、出借旅行社业务经营许可证的方式为自己牟利;否则,国家设立的旅行社业务经营许可证制度将失去存在的基础与意义,旅游者的合法权益也将无法从制度、源头上得到保障。

(2)旅行社不得以其他形式非法转让旅行社业务经营许可

非法转让,是指旅行社没有通过法律、法规允许的转让方式、程序等转让业务经营许可的非法行为。在实践中,非法转让旅行社业务经营许可的行为主要表现为:旅行社允许其他不具有相关业务经营资质的企业、团体或者个人,以自己的名义从事旅行社专属的业务经营活动。与出租、出借旅行社业务经营许可证相比,非法转让旅行社业务经营许可并不以许可证件流转为要件,其隐蔽性和危害性更大,会逃避国家的许可和监管制度,扰乱旅游市场秩序,侵害旅游者利益,应当严格禁止。

关联法规

《行政许可法》第9条

《旅行社条例》第47条

第三十一条 【旅游服务质量保证金】旅行社应当按照规定交纳旅游服务质量保证金,用于旅游者权益损害赔偿和垫付旅游者人身安全遇有危险时紧急救助的费用。

条文注释

本条是关于旅行社交纳旅游服务质量保证金和质量保证金用

途的规定。

旅游服务质量保证金制度的确立，有利于降低旅游者预付团费损失的风险，有利于保障旅游消费得以完整实现，有利于及时应对行程中的突发问题，对规范旅行社经营、保障旅游者合法权益具有重要的作用。

1. 按照规定交纳旅游服务质量保证金是旅行社的义务

旅行社质量保证金是用于保障旅游者合法权益的专用款项。目前，关于交纳旅游服务质量保证金的规定包括《旅行社条例》、《旅行社条例实施细则》和《旅游服务质量保证金存取管理办法》等。

(1) 交纳标准

根据《旅行社条例》的规定，经营国内旅游业务和入境旅游业务的旅行社的质量保证金交纳标准统一为 20 万元，每设立一个分社增存 5 万元；经营出境旅游业务的旅行社需增存 120 万元，即总额为 140 万元，每设立一个分社增存 30 万元。质量保证金的利息归旅行社。

(2) 交纳方法

《旅行社条例》规定了两种旅行社交纳质量保证金的方法。一是，旅行社将规定数额的资产存入国务院旅游行政主管部门指定的银行开设的质量保证金专门账户。旅行社取得旅行社业务经营许可证 3 日后，应当到指定银行开设质量保证金专门账户。二是，由旅行社向作出许可的旅游行政管理部门提交依法取得的担保额度不低于相应质量保证金数额的银行担保。

(3) 交纳期限

根据《旅行社条例》的规定，旅行社交纳质量保证金的期限，是取得旅行社业务经营许可证之日起 3 个工作日内。取得旅行社业务经营许可证的日期以许可证上签注的日期为准。

2. 旅游服务质量保证金用途

本法在《旅行社条例》的基础上，增加了一项旅游服务质量保证金用途，即垫付旅游者人身安全遇有危险时紧急救助的费用。根据本法和《旅行社条例》第 15 条、第 16 条的规定，质量保证金使用范围包括：

（1）用于旅游者权益损害赔偿

①旅游行政管理部门使用旅游服务质量保证金的情形，主要包括两种情形：

一种情形是，旅行社违反旅游合同约定，侵害旅游者合法权益，经旅游行政管理部门查证属实的。该情形需要同时满足两个要件：一是系旅行社违反旅游合同约定导致的，基于旅行社与旅游者之间的合同行为，且侵害的是旅游者的利益。因此，旅行社与履行辅助人、组团社与地接社、委托社与代理社、旅行社与从业人员之间、旅行社投资人之间等与旅游者权益无关的经济纠纷，旅行社违反法律、行政法规和规章而应当受到罚款行政处罚等，不在旅游行政管理部门使用质量保证金的范围之内。二是经旅游行政管理部门查证属实，未经调查取证核实时不可动用。另一种情形是，旅行社因解散、破产或者其他原因造成旅游者预交旅游费用损失的。其他原因主要指旅行社恶意卷款而逃等诈骗行为。预交旅游费用包括旅游团费、签证费等。

②人民法院使用旅行社质量保证金的情形。人民法院使用旅行社质量保证金需满足两个要件：其一，必须是经判决、裁定及其他生效法律文书认定，未生效的法律文书不能作为使用质量保证金的依据。其二，旅行社损害旅游者合法权益，拒绝或者无力赔偿。最高人民法院《关于执行旅行社质量保证金问题的通知》（法〔2001〕1号）明确规定了法院可以执行旅行社质量保证金的情形：第一，旅行社因自身过错未达到合同约定的服务质量标准而造成旅游者的经济权益损失；第二，旅行社的服务未达到国家或行业规定的标准而造成旅游者的经济权益损失；第三，旅行社破产后造成旅游者预交旅行费损失；第四，人民法院判决、裁定及其他生效法律文书认定旅行社损害旅游者合法权益。

（2）用于垫付旅游者人身安全遇有危险时紧急救助的费用

旅行社拒绝履行合同使旅游者被甩团、滞留，或因不可抗力等导致人身安全遇有危险，且旅行社拒绝或者无力及时承担救助责任时,使用旅游服务质量保障金及时垫付相关费用,可以有效保障旅游者人身、财产安全和合法权益,因此,本法增设了这一用途。紧急救助费用主要包括安排旅游者食宿、治疗、救援、返程等使旅游者脱离危险的紧急性费用。旅游主管部门在上述事件发生后,可以决定使用保证金垫付紧急救助费用。

旅游服务质量保证金应当用于上述规定的用途,不得挪作他用。

关联法规

《旅行社条例》

《旅行社条例实施细则》

《最高人民法院关于执行旅行社质量保证金问题的通知》

第三十二条　【禁止虚假宣传】旅行社为招徕、组织旅游者发布信息,必须真实、准确,不得进行虚假宣传,误导旅游者。

条文注释

本条是关于旅行社招徕、组织旅游者不得虚假宣传的规定。

1. 发布的信息必须真实、准确

真实、准确是指与客观事实相符合。对旅行社发布的信息真实、准确的要求,主要指旅行社宣传自身的信誉、资金能力等信息以及旅游产品线路等的信息来源可以信赖,信息内容完整到位,符合信息发布当时的客观事实。

2. 不得虚假宣传、误导旅游者

虚假宣传是指在市场交易活动中,经营者为了获取竞争优势和不正当利益,利用广告或其他方法对商品或服务的质量、制作成分、性能、用途、生产者、有效期限、产地等作出与实际不相符的宣传和说明,使消费者误认误购的行为。是否属于虚假宣传主要以客观事实为认定依据。误导旅游者是指旅行社通过信息发布和宣传可能使旅游者在主观上对旅游商品或服务的真实情况产生错误的判断,从而影响其购买决定。

虚假宣传的主要形式是广告。广告是指由商品经营者或者服务提供者承担费用,通过一定的媒介和形式直接或者间接地介绍自己所推销的商品或者所提供的服务的行为。发布广告主要通过报纸、期刊、广播、电视等传统媒介,网络等新型媒介,以及广告牌、宣传册等进行。除广告之外,旅行社还可能通过组织他人冒充顾客、服务体验、产品介绍会等对旅游者进行欺骗性诱导。

第三十三条 【项目活动安排的禁止规定】旅行社及其从业人员组织、接待旅游者,不得安排参观或者参与违反我国法律、法规和社会公德的项目或者活动。

条文注释

本条是关于禁止旅行社及其从业人员安排某些旅游项目和活动的规定。

1. 旅行社及其从业人员在组织、接待旅游者时均不得安排参观

从组织、接待的业务经营范围看,包括境内、出境、入境和边境旅游业务。从组织、接待的具体形式看:一是组团旅行社及其从业人员组织旅游活动时,包价旅游合同中不得包含违反我国法律、法规和社会公德的项目和活动内容;二是地接旅行社及其地接导游在接待旅游者时,不得按照与组团旅行社之间的合同和包价旅游合同约定的内容,安排相关项目或者活动;三是旅行社及其从业人员在包价旅游合同约定之外,不得安排相关项目或者活动。

2. 不得安排违反我国法律、法规和社会公德的旅游项目或者活动

禁止旅行社及其从业人员安排违反我国法律、法规规定的旅游活动,是对现有法律规定的衔接,对现有法规规定的延续。《中国公民出国旅游管理办法》第 16 条规定,“组团社及其旅游团队领队应当要求境外接待社按照约定的团队活动计划安排旅游活动,并要求其不得组织旅游者参与涉及色情、赌博、毒品内容的活动或者危险性活动,不得擅自改变行程、减少旅游项目,不得强迫或者变相强迫

旅游者参加额外付费项目。境外接待社违反组团社及其旅游团队领队根据前款规定提出的要求时,组团社及其旅游团队领队应当予以制止”。《旅行社条例》第26条规定,“旅行社为旅游者安排或者介绍的旅游活动不得含有违反有关法律、法规规定的内容”。《旅行社条例实施细则》第30条将其具体明确为含有损害国家利益和民族尊严,民族、种族、宗教歧视,淫秽、赌博、涉毒,以及其他违反法律、法规规定的内容。

关联法规

《旅行社条例》第26条

《旅行社条例实施细则》第30条

第三十四条　【产品和服务的订购】旅行社组织旅游活动应当向合格的供应商订购产品和服务。

条文注释

本条是关于旅行社向供应商订购旅游产品和服务的规定。

1. 应当向“合格的供应商”订购产品和服务

按照通常的理解,“订购”即为预订、购买,订购的标的包括吃、住、行、游等产品和服务。“供应商”是指所有由旅行社选择的、为旅游者提供服务的企业或者个人,主要包括本法所称的地接社、履行辅助人。“合格”,主要指法律、法规对供应商有许可和营业执照等资质要求的,供应商应当取得相应资质;法律、法规没有规定资质要求的,应按照市场通常判断来确定。

2. 旅行社在“组织旅游活动”中订购

本条规定的“组织旅游活动”,既包括组团社组织或者安排的包价旅游产品和服务,也包括地接社为接待旅游者订购的旅游产品和服务。实践中,旅行社可能预先采购、打包并销售产品和服务,也可能根据旅游者的要求安排旅游活动。不管采用何种形式,旅行社在订购旅游产品和服务中所起的作用是主动性、主导性的,具有决定权,因此,其在组织旅游活动中应当承担谨慎选择供应商,以保障旅游者权益的义务。

此外,本条调整的法律关系,包括两个层面:一是行政主管部门与旅行社之间的行政法律关系,行政主管部门有权对旅行社的供应商情况进行监管,旅行社有义务遵守本条规定,接受监管,旅行社违反本条规定,将承担行政法律责任;二是旅游合同法律关系,旅行社因此承担法定义务,其为旅游者提供的产品和服务应当向合格的供应商订购,旅行社未按该规定履行义务的,须承担相应民事责任。

第三十五条 【禁止不合理低价组团、诱骗消费】旅行社不得以不合理的低价组织旅游活动,诱骗旅游者,并通过安排购物或者另行付费旅游项目获取回扣等不正当利益。

旅行社组织、接待旅游者,不得指定具体购物场所,不得安排另行付费旅游项目。但是,经双方协商一致或者旅游者要求,且不影响其他旅游者行程安排的除外。

发生违反前两款规定情形的,旅游者有权在旅游行程结束后三十日内,要求旅行社为其办理退货并先行垫付退货货款,或者退还另行付费旅游项目的费用。

条文注释

本条是关于禁止以不合理低价组团、欺骗消费者的规定。

1. 旅行社不得以"零负团费"模式开展经营活动

为了扭转旅行社业扭曲的经营模式,创造公平竞争的市场环境,维护旅游者和旅游从业人员等的合法权益,本条第1款从"以不合理的低价组织旅游活动"的外在表现,到"通过安排购物或者另行付费旅游项目"的方式、手段,再到"诱骗旅游者"的实质和"获取回扣等不正当利益"的最终目的,对"零负团费"经营的内涵作了界定,并明确禁止旅行社以这种模式从事经营活动。

(1)不得以不合理的低价组织旅游活动,即旅行社经营包价旅游等服务的招徕报价,除正当、合理的情形外,不得低于其经营、接待和服务成本。这里的正当、合理的情形,主要包括批量采购机票的总成本在销售后期已经收回并产生盈利之后,旅行社采取团费报价降低的方式对剩余的名额进行促销，以及旅行社将景区、住宿经营者向其集中支付的奖励性款项作为促销补贴而降低团费等。

(2)旅行社不得诱导、欺骗旅游者。诱导、欺骗旅游者的情形包括：一是以不合理的低价诱导旅游者报名参团；二是隐瞒不合理低价的事实真相，不向旅游者明示团费低于经营、接待和服务成本费用的原因；三是隐瞒购物场所、自费项目的真实情况，如该购物场所所售商品价格与当地社会平均水平的真实差异等；四是不向旅游者披露旅行社将因其消费而获取利益的事实。

(3)不得通过旅游者的消费获取不正当利益。不正当利益既包括回扣、"人头费"等形式的货币利益，也包括非货币的有形或无形的利益。

特别需要明确的是，旅行社诱骗旅游者获取的货币或非货币利益，不论公开或私下收取、不论是否入账，均属非法所得。

2. 旅行社不得指定具体购物场所，不得安排另行付费旅游项目

为了有效治理"零负团费"，本条第2款从旅行社获取不正当利益的操作手段方面作出禁止，切断非法利益链条，即"不得指定具体购物场所，不得安排另行付费旅游项目"。

旅行社不得指定具体购物场所，即旅行社不得以明示、暗示的方式，采取直接或变相安排的手段，要求或引导旅游者到旅行社确定的场所购物。旅游者购物安排在内的参观、产品介绍活动，旅行社也不得指定。

旅行社不得安排另行付费旅游项目，即旅行社不得在旅游行程已具体安排且包含在团费内的旅游项目、活动之外，安排或者要求旅游者参加需要其再支付费用的旅游项目或者活动。

3. 购物、自费项目的除外情形及要求

本条第2款对上述禁止性行为规定了除外情形，但必须符合两个前提要求：

(1)双方协商一致或者旅游者要求。旅游者提出要求的，旅行社可根据可行性，确定安排与否；旅行社提出建议的，必须向旅游者披露购物场所、自费项目的真实情况，包括购物场所的名称、自费项

目的内容和价格,以及购物、自费项目的时长等,且不得在本条第1款所指的诱骗情形下,与旅游者协商一致。

(2)不影响其他旅游者行程安排。组团社和地接社必须对不参加购物、自费项目活动的旅游者作出合理安排,不能浪费这部分旅游者的时间。让不参加相关活动的旅游者在购物、自费项目场所外等候较长时间,也属于浪费时间。

4. 旅行社违反规定应当承担相应的退款责任

本条第3款规定了旅行社违反第1款和第2款规定的行为后,应当承担的责任。按照本款规定,在行程结束后30日内,旅行社要承担对旅游者所购商品的退货责任并需要先行垫付退货货款,或者向旅游者全额退还另行付费旅游项目的费用。

按照合同相对性原则,旅游者购物、参加自费项目,是与商品、相关旅游项目经营者之间产生的合同关系,退货、退款事宜应当直接与这些经营者交涉。但是,考虑到旅游活动的异地性,相关经营者仍然是旅行社所指定的,以及旅行社在未经协商一致时即安排相关活动的违法行为的性质,本法规定,旅游者可以要求旅行社退货、退款。

需要说明的是,本款规定的责任仅仅是民事法律责任,本法第98条规定了严厉的行政法律责任,有违法行为的旅行社,还需要承担被行政处罚的责任。

第三十六条 【领队或导游陪同】旅行社组织团队出境旅游或者组织、接待团队入境旅游,应当按照规定安排领队或者导游全程陪同。

条文注释

本条是关于旅行社为旅游团队安排领队或导游全程陪同的规定。

1. 旅行社组织团队出境旅游,应当按照规定安排领队全程陪同

本条只对安排领队全程陪同作了原则规定,至于在哪些情形下

需要安排领队全程陪同,需要按照有关规定执行。根据《旅行社条例》第30条的规定,“旅行社组织中国内地居民出境旅游的,应当为旅游团队安排领队全程陪同”。《中国公民出国旅游管理办法》第10条第1款规定:“组团社应当为旅游团队安排专职领队。”由此可见,旅行社组织团队出境旅游,应当安排领队全程陪同。

2. 旅行社组织、接待团队入境旅游,应当按照规定安排导游全程陪同

出于旅游目的地的特殊性和保障旅游者人身安全等方面的考虑,有关部门和地方对旅行社组织、接待团队入境旅游安排导游全程陪同有一些规定,旅行社应当遵照执行。

关联法规

《旅行社条例》第30条

《中国公民出国旅游管理办法》第10条

第三十七条　【导游执业资格】参加导游资格考试成绩合格,与旅行社订立劳动合同或者在相关旅游行业组织注册的人员,可以申请取得导游证。

条文注释

本条是关于导游执业资格制度的规定。

1. 取得执业资格的条件

本条确立了导游执业资格许可制度,参加导游资格考试成绩合格,并取得导游证的中国公民可从事导游业务。

(1)参加导游资格考试成绩合格

关于本条规定的参加导游资格考试成绩合格的要求,《导游人员管理条例》第3条有细化规定。参加导游资格考试的条件是:高级中学、中等专业学校或者以上学历;身体健康;具有适应导游需要的基本知识和语言表达能力;中华人民共和国公民。目前,主要通过笔试和面试两种方式来考察参加考试人员是否具有适应导游需要的基本知识和语言表达能力。考试成绩合格的,具备申请导游证的资格。

(2)取得导游证

根据本条规定,申领导游证的情形有两种:一是与旅行社订立劳动合同。本条所称劳动合同,是指《劳动合同法》规定的固定期限劳动合同和无固定期限劳动合同。由于与旅行社订立劳动合同是导游申领导游证的条件,因此,如果导游与旅行社解除劳动关系后,再与其他旅行社订立劳动合同,应当变更换发导游证;如果不再从事导游业务,导游证自动失效,应当交回导游证。二是在相关旅游行业组织注册。

2. 不予取得导游证的情况

根据本法第103条的规定,导游证被吊销未逾3年的,不得重新申请导游证。此外,根据《导游人员管理条例》第5条的规定,患有传染性疾病和过失犯罪以外受过刑事处罚的,也不得取得导游证。

关联法规

《导游人员管理条例》第3、5条

第三十八条 【旅行社对导游的义务】旅行社应当与其聘用的导游依法订立劳动合同,支付劳动报酬,缴纳社会保险费用。

旅行社临时聘用导游为旅游者提供服务的,应当全额向导游支付本法第六十条第三款规定的导游服务费用。

旅行社安排导游为团队旅游提供服务的,不得要求导游垫付或者向导游收取任何费用。

条文注释

本条是关于旅行社支付导游劳动报酬、社会保险费用和服务费用的规定。

本条规定与其他相关条款相呼应,从以下三个方面对旅行社支付导游报酬或服务费的问题作了规定:

1. 旅行社应当与其聘用的导游建立劳动关系

本条第1款主要针对旅行社导游而言。旅行社作为用人单位,对其所聘用的导游,应当履行三项法定义务:(1)订立劳动合同。根据《劳动合同法》第10条的规定,建立劳动关系,应当订立书面劳动合同。已建立劳动关系,未同时订立书面劳动合同的,应当自用工之日起1个月内订立书面劳动合同。用人单位与劳动者在用工前订立劳动合同的,劳动关系自用工之日起建立。(2)支付劳动报酬。旅行社可以根据导游工作的特点,确定导游的劳动报酬由基本工资、带团补贴、奖金等合法收入组成,但应坚决杜绝旅行社以购物或自费项目的回扣等非法收入替代其应支付给导游的劳动报酬。(3)缴纳社会保险费用。用人单位应当为劳动者缴纳的社会保险费用包括基本养老保险、基本医疗保险、工伤保险、失业保险和生育保险5种,其中的工伤保险和失业保险的费用全部由用人单位缴纳,其他3种保险的费用由用人单位和劳动者各自按照规定比例缴纳。

2. 旅行社应当为临时聘用导游支付导游服务费用

本法实施后,旅行社应当在包价旅游合同中明确导游服务费用,而且应当将该费用全额支付给临时聘用的社会导游。劳动保障部门和旅游主管部门可以推出当地导游服务费用的指导性标准,以供旅行社参照执行。

3. 旅行社不得要求导游垫付或者向导游收取费用

本条第3款禁止的行为有两种:一是要求导游垫付费用的行为;二是向导游收取费用的行为。《旅行社条例》第34条有更为具体的规定,即"旅行社不得要求导游人员和领队人员接待不支付接待和服务费用或者支付的费用低于接待和服务成本的旅游团队,不得要求导游人员和领队人员承担接待旅游团队的相关费用"。导游可以此为依据,维护自己的合法权益。

关联法规

《劳动合同法》第10条

《旅行社条例》第34条

第三十九条　【从事领队业务的资格】从事领队业务，应当取得导游证，具有相应的学历、语言能力和旅游从业经历，并与委派其从事领队业务的取得出境旅游业务经营许可的旅行社订立劳动合同。

条文注释

本条是关于从事领队业务资格的规定。

本条明确了从事领队业务的条件包括：(1)取得导游证。(2)具有相应的学历、语言能力和旅游从业经历。本法没有明确从事领队业务的人员需要具备的具体学历、语言能力和从业经历要求，这需要下位法进一步细化和明确。(3)与委派其从事领队业务的取得出境旅游业务经营许可的旅行社订立劳动合同。该要求主要有以下两层含义：一是订立的是固定期限劳动合同或无固定期限劳动合同，即从事领队业务的人员为旅行社的正式员工。二是与取得出境旅游业务经营许可的旅行社订立劳动合同。由于领队是为出境旅游团队服务，而我国对旅行社经营出境旅游业务实行特别许可制度，因此，未取得出境旅游业务经营许可的旅行社不存在派领队的问题，也不可以派领队。

第四十条　【导游和领队的委派】导游和领队为旅游者提供服务必须接受旅行社委派，不得私自承揽导游和领队业务。

条文注释

本条是关于导游和领队不得私自承揽业务的规定。

1. 导游和领队为旅游者提供服务必须接受旅行社委派

“委派”就是旅行社明确导游、领队带团任务，导游、领队按照旅行社的任务和指示，为旅游者提供导游、领队服务。必须接受委派的情形包括：一是导游为旅游者提供全陪服务，必须接受组团旅行社的委派；二是导游为旅游者提供地陪服务，必须接受地接旅行社的委派；三是领队为出境旅游者提供领队服务，必须接受出境旅游组团社的委派。

2. 不得私自承揽导游和领队业务

“私自承揽”与“旅行社委派”相对应，可以理解为“没有经过旅行社委派擅自揽活提供导游、领队服务”。对“私自承揽”行为的理解应当把握以下两点：一是该行为是指导游或领队未经旅行社委派而为旅游者提供服务的行为。无论是为成团的旅游者提供服务，还是为散客旅游者提供服务，无论是旅行社的专职导游，还是导游服务机构的社会导游，都需要由旅行社委派。二是持有导游证的人员为亲朋好友旅游作陪同、提供讲解，或者在特定情形下作为志愿者，为旅游者免费提供服务，都不属于本条所禁止的行为，在讲解时也无须佩戴导游证。当然，实践中也需要具体行为具体判断，防止导游、领队以此为名，通过其他渠道变相获得利益，行私自承揽业务之实。

第四十一条 【导游和领队从业行为规范】导游和领队从事业务活动，应当佩戴导游证，遵守职业道德，尊重旅游者的风俗习惯和宗教信仰，应当向旅游者告知和解释旅游文明行为规范，引导旅游者健康、文明旅游，劝阻旅游者违反社会公德的行为。

导游和领队应当严格执行旅游行程安排，不得擅自变更旅游行程或者中止服务活动，不得向旅游者索取小费，不得诱导、欺骗、强迫或者变相强迫旅游者购物或者参加另行付费旅游项目。

条文注释

本条是关于导游和领队从业行为规范的规定。

1. 应当佩戴导游证

导游证含有导游的姓名、照片、证件号码等信息，是导游、领队人员的执业标识。导游、领队在执业过程中应当佩戴相关证件，以醒目、直观地向旅游者证明其具有合法执业资格，便于旅游者、旅游经营者和旅游主管部门识别和监督。

2. 应当遵守职业道德，尊重旅游者的风俗习惯和宗教信仰

旅游者来自四面八方，各有不同的风俗习惯和宗教信仰，导游、领队尊重旅游者合法的风俗习惯和宗教信仰，事关国家统一、民族团结和社会稳定。因此，本法在其他法律、法规有关规定的基础上，作出了这一衔接性规定。

3. 应当告知和解释旅游文明行为规范，引导旅游者健康、文明旅游，劝阻旅游者违反社会公德的行为

导游、领队在执业活动中，应当根据本条的规定，率先垂范遵守文明旅游行为，告知旅游者《中国公民国内旅游文明行为公约》和《中国公民出境旅游文明行为指南》等所明确的旅游文明行为规范，告知其不可参加更不得安排黄、赌、毒等不健康的旅游活动；推广文明礼仪知识，进行文明旅游教育；引导旅游者尊重旅游目的地的文化习俗，说明其风俗习惯、礼仪规范、民族禁忌及行为方式；旅游者不明白时，要作出说明和解释。

同时，本法规定了导游、领队劝阻旅游者违反社会公德的义务。劝阻，也即劝诫和阻止、提醒和制止。旅游者在旅游活动中，有违反社会公德行为的，导游、领队应当及时予以提醒和劝诫，必要时在力所能及的范围内阻止其不文明、不道德的行为。

4. 不得擅自变更旅游行程、中止服务

根据本法和《民法典》等法律、法规的规定，不属于导游、领队擅自变更行程、中止服务的情形主要包括两种：一是旅游者要求的。根据本法第 35 条第 2 款的规定，经旅游者主动提出要求，旅游者与组团旅行社双方协商达成一致，且在不影响同团其他旅游者行程安排的情况下，导游、领队可以根据组团旅行社的指示变更行程安排。同时，根据本法第 73 条的规定，旅行社根据旅游者的具体要求签订包价旅游合同的，此时旅游者请求变更旅游行程安排的，导游、领队也可以根据组团旅行社的指示变更。二是因不可抗力或者旅行社、履行辅助人已尽合理注意义务仍不能避免的事件，影响旅游行

程的。

5. 不得索取小费

本法没有规定旅游者自愿主动给予小费时导游、领队不得收取，但禁止导游、领队索取小费。索取是指导游、领队主动要求旅游者给予自己小费，强调索要的主动性和旅游者的非自愿性。但要特别注意：一是小费虽然也是服务费的一种，但本条规定的小费是指旅游者在旅游服务合同约定之外支付的额外服务费用，与本法第38条规定的旅行社在与旅游者签订旅游服务合同之时明确列明的"导游服务费用"不同。二是根据境外支付小费的交易习惯，旅游者在境外旅游过程中需要向境外相关旅游服务人员支付小费的，旅行社在签订旅游服务合同时即应当向旅游者明确说明，合同中未说明而在事后要求旅游者交纳的，也视为索取。三是由于旅行社应当向正式聘用的导游支付劳动报酬，向临时聘用的导游支付"导游服务费用"，因此，即使旅行社在签订旅游服务合同时约定旅游者向自己委派的导游、领队支付小费，也属于本条规定的"索取"。

6. 不得诱导、欺骗、强迫或者变相强迫消费

诱导、欺骗、强迫和变相强迫行为的本质，是违背了旅游者的真实意愿，使旅游者作出了不真实的意思表示。欺骗，包括两种情形：一是导游、领队故意告知旅游者虚假的情况；二是导游、领队故意不告诉旅游者真实情况。其后果是旅游者作出了错误的消费决定。诱导，也是一种欺骗，只是在欺骗手段上采用了引诱和引导的方式。强迫，是指不遵守公平、自愿的原则，违背他人真实意愿，通过施加压力使对方服从自己的意愿。变相强迫，是指虽然不是直接给对方施加压力使之服从，表面看不是强迫，但实质是让对方没有别的选择，不得不作出违背自己真实意思的选择，本质上还是强迫。

第四十二条 【景区开放条件】景区开放应当具备下列条件,并听取旅游主管部门的意见:

(一)有必要的旅游配套服务和辅助设施;

(二)有必要的安全设施及制度,经过安全风险评估,满足安全条件;

(三)有必要的环境保护设施和生态保护措施;

(四)法律、行政法规规定的其他条件。

第四十三条 【景区门票和收费管理】利用公共资源建设的景区的门票以及景区内的游览场所、交通工具等另行收费项目,实行政府定价或者政府指导价,严格控制价格上涨。拟收费或者提高价格的,应当举行听证会,征求旅游者、经营者和有关方面的意见,论证其必要性、可行性。

利用公共资源建设的景区,不得通过增加另行收费项目等方式变相涨价;另行收费项目已收回投资成本的,应当相应降低价格或者取消收费。

公益性的城市公园、博物馆、纪念馆等,除重点文物保护单位和珍贵文物收藏单位外,应当逐步免费开放。

条文注释

本条是关于利用公共资源建设的景区的门票和其他项目收费的管理规定。

1. 严控利用公共资源建设的景区的门票以及景区内的游览场所、交通工具等另行收费项目等价格上涨

(1)严格控制价格上涨

严格控制景区门票等价格上涨是基本原则和要求。客观上说,"门票经济"在中国存在具有一定的历史背景,是发展中国家经济起步阶段难以回避的一个问题,收取门票对促进旅游业发展、控制景区流量、保护资源环境起到过一定程度的作用。但这种模式应当是

阶段性的,随着我国经济规模的不断增长,发展方式的转变,旅游活动日益成为人民大众普遍需求甚至有些活动成为基本需求,"门票经济"已经无法适应我国旅游业转型升级以及国家发展的要求,需要对这种模式作出适当调整,严格控制景区的门票等的价格的不断上涨。

(2)在定价机制上,实行政府定价或者政府指导价

根据本法的规定,实行政府定价或者政府指导价的,不单是利用公共资源建设的景区的门票,还包括利用公共资源建设的景区内的"园中园"等游览场所和索道、摆渡车船、电瓶车等交通工具的收费。这些项目的建设、改造可能属于商业性投资,但其仍然依托了公共资源,门票指导价或者定价原则上考虑投入的必要回报,但同样应当体现公益性,并且严格控制价格上涨。

(3)在定价程序上,拟收费或者提高价格应当听证

本法与《价格法》进行了衔接,规定利用公共资源建设的景区及景区内的"园中园"游览场所、交通工具等拟开放收费,或者现有的景区及其相关服务拟提高收费价格的,应当举行听证会,并征求旅游者、经营者和当地居民、相关部门等有关方面的意见,从而保障价格调整的公开、公平、公正、效率,增加价格调整的科学性和透明度,保障旅游者、经营者等相关方面都有景区门票及相关收费定价的知情权和参与权,使各利益相关方的诉求和意见得到有效表达,从而充分论证价格调整的必要性和可行性。

(4)不得通过增加另行收费项目等方式变相涨价

在规定政府定价和政府指导价的基础上,为了防止利用公共资源建设的景区变相涨价,明确其不得通过增加另行收费项目等方式变相涨价。另行收费项目即本条第1款所指游览场所、交通工具等项目。政府在核定这些另行收费项目价格时,要考虑收回成本的年限,在回收成本之后,应当降低价格或者取消收费。

2. 公益性城市公园、博物馆、纪念馆的逐步免费开放

公益性主要是指非营利性和社会效益性。本法第4条规定,利用公共资源建设的游览场所应当体现公益性质。本条又特别规定,

公益性的城市公园、博物馆、纪念馆等,除重点文物保护单位和珍贵文物收藏单位外,应当逐步免费开放。其原因是,城市公园与人民群众的生活密切相关,是人民日常休憩、锻炼、放松的基本生活必需品;博物馆、纪念馆免费开放有利于完善我国现代国民教育体系和履行教育功能,有利于发挥博物馆和纪念馆的社会价值,有利于加强国际文化交流和中华民族优秀文化的宣传推广。各地虽然发展环境和阶段不同,实现公益性城市公园、博物馆、纪念馆的免费开放的进程不同,但是本条确定的原则和方向必须坚持。考虑到重点文物保护单位和珍贵文物收藏单位资源保护的特殊性,本条没有对此类景区提出逐步免费开放的要求。

第四十四条 【景区门票收费公示】景区应当在醒目位置公示门票价格、另行收费项目的价格及团体收费价格。景区提高门票价格应当提前六个月公布。

将不同景区的门票或者同一景区内不同游览场所的门票合并出售的,合并后的价格不得高于各单项门票的价格之和,且旅游者有权选择购买其中的单项票。

景区内的核心游览项目因故暂停向旅游者开放或者停止提供服务的,应当公示并相应减少收费。

条文注释

本条是关于景区门票等价格的公示、合并售票、暂停开放减少收费的规定。

1. 景区应当在醒目位置公示门票及另行收费项目、团体收费的价格

明码标价是对经营者销售商品和提供服务的最基本要求。旅游者无论自助旅游还是参团旅游,一般会预先设计旅游线路,景区提前公开门票价格,有利于旅游者作出选择和判断。《价格法》第13条第1款规定,"经营者销售、收购商品和提供服务,应当按照政府价格主管部门的规定明码标价,注明商品的品名、产地、规格、等级、

计价单位、价格或者服务的项目、收费标准等有关情况”。目前,景区门票价格一般分为散客价、团队价和对旅行社的协议价。由于对旅行社的协议价由景区与旅行社之间具体协商、各不相同,不需要公示。因此,本条规定景区应当公示景区门票以及景区内游览场所、交通工具及餐饮、住宿等另行收费项目的散客价和团队价,保障旅游者的知情权和选择权。

同时,为了抑制门票随意、频繁涨价,本条对门票价格的调整时间提出了要求,规定景区提高门票价格应当提前6个月公布,保障旅游者的选择权,给旅游者和旅行社等充分的准备和调整时间。

2. 对景区合并销售门票的规范

本法提升了相关规定的法律位阶,以加大规范的力度。本条规定合并销售门票的规范主要包括:一是不同景区的门票合并出售,即将一个地区不相连通、投资主体不相关联或者不是一个工商登记的景区的门票整合对外销售;二是同一景区内不同游览场所的门票合并出售,即经批准允许单独设置“园中园”门票的,将所有“园中园”门票整合对外销售。按照本条规定,合并后的价格不得高于各单项门票的价格之和,且旅游者有权选择购买其中的单项票。旅游者只想参观某个单独景区或者“园中园”游览场所时,可以购买单项票;旅游者想参观多个景区时,可以购买联票(或通票)。这有利于保障旅游者的自主选择权和交易权。

3. 景区内的核心游览项目因故暂停开放或停止提供服务的应相应减少收费

景区门票价格一般是在充分考虑景区整体价值、核算经营成本基础上形成的。因此,景区门票价格确定后,应当体现公平性,使其物有所值,当其核心游览项目因故暂停向旅游者开放或者停止提供服务时,其价值必然降低,价格构成发生变化,公示有助于旅游者提前作出判断,自主选择决定是否继续购买该服务;同时,景区应相应减少与暂停开放或停止提供的项目或者服务价值基本相当的收费。

第四十五条 【景区流量控制】景区接待旅游者不得超过景区主管部门核定的最大承载量。景区应当公布景区主管部门核定的最大承载量，制定和实施旅游者流量控制方案，并可以采取门票预约等方式，对景区接待旅游者的数量进行控制。

旅游者数量可能达到最大承载量时，景区应当提前公告并同时向当地人民政府报告，景区和当地人民政府应当及时采取疏导、分流等措施。

条文注释

本条是关于景区流量控制制度的规定。

1. 景区是流量控制的责任主体

本条确立景区是流量控制的责任主体，景区主要承担以下几项责任：一是接待旅游者不得超过景区主管部门核定的最大承载量。景区最大承载量，即景区最多能够容纳旅游者的数量。二是在其收费处、入口处、网站，必要时还要通过旅游公共服务信息平台、公共媒体等公布最大承载量，保障旅游者的知情权和选择权。三是制定并实施旅游者流量控制方案，做好各项预案，在旅游旺季时提前增加人手，配备力量，及时分析流量情况，采取各种手段严格控制景区流量。四是在旅游者数量可能达到最大承载量时，提前广而告之提醒旅游者，并同时向当地人民政府报告，根据旅游流量控制方案、预案，采取切实可行的疏导、分流等措施，保障安全。目前，许多景区采用电子检票系统，基本可以实时了解景区内的旅游者数量。此外，虽然本条没有直接明确规定，但是，如果景区因改建、扩建、项目调整等，导致其最大承载量增加或者减少，应当向景区主管部门提出申请，重新核定最大承载量。

2. 当地人民政府对景区流量控制负有统筹职责

为了做到应对从容，地方人民政府应当与重点景区事先共同研究方案，做好各种应对预案。同时，我国建立“黄金周”长假制度以来，实行了假日旅游预报制度，通过大众传媒逐日向社会发布主要景区、住宿、交通等旅游设施接待状况的信息。这一制度有利于引导旅游者作出理性出行安排，是一种事前流量控制制度。

3. 景区主管部门核定和监督景区承载量的职责

本条赋予了景区主管部门核定景区最大承载量的职责。核定景区最大承载量有两种方式：一是在景区制定规划时核定；二是在景区开放时核定。景区主管部门可以通过专家评估等方式进行核定。景区进行改建、扩建、项目调整的，景区主管部门应当依景区的申请或者主动根据景区项目、空间布局等的调整，重新核定其最大承载量。同时，根据本法第105条第2款的规定，景区主管部门具有监督管理景区旅游者流量控制的职责。

4. 景区采取流量控制的主要方式

本条规定，景区可以采取门票预约等方式对景区接待旅游者的数量进行控制，为景区流量控制制度的逐步推进和完善作出了指引。门票预约是国际上普遍采取、比较有效的一种流量控制方式，尤其是对旅游团队实行预约制度。除了采取门票预约方式外，景区还应当采取其他措施控制流量，例如，合理设计景区内的游览线路，提高旅游者的流动率；设置明确、清晰的景区指示牌，避免误导旅游者，造成不必要的拥堵；提前、及时公布景区流量，保持景区流量信息实时畅通，供旅游者选择和参考；合理设计旅游者排队的方式和途径。

第四十六条　【居民从事旅游经营】城镇和乡村居民利用自有住宅或者其他条件依法从事旅游经营，其管理办法由省、自治区、直辖市制定。

第四十七条　【高风险旅游项目经营许可】经营高空、高速、水上、潜水、探险等高风险旅游项目，应当按照国家有关规定取得经营许可。

条文注释

本条是关于高风险旅游项目经营许可的规定。

本条提出高风险旅游项目的概念，并将其概括为五个种类，即高空、高速、水上、潜水、探险。实践中，高空类项目主要包括滑翔伞、热气球、动力伞等空中项目；高速类项目主要包括轮滑、滑雪、卡丁车以及大型游乐设施等速度类项目；水上类项目主要包括摩托艇、游艇、水上飞伞以及水上游乐设施等水域类项目；潜水类项目主要指旅游者穿戴潜水服、氧气瓶等潜入水下的观光、休闲项目，以及水下游艇等水下旅游项目；探险类项目包括穿越高山、峡谷、暴走以及蹦极、攀岩等项目。

为了更好地执行本条规定，确保高风险旅游项目的安全运营，保障旅游者人身、财产安全，有必要在国家或者地方层面，进一步明确高风险旅游的具体项目目录及实施许可和监管的部门、条件和程序。

第四十八条　【网络业务经营】通过网络经营旅行社业务的，应当依法取得旅行社业务经营许可，并在其网站主页的显著位置标明其业务经营许可证信息。

发布旅游经营信息的网站，应当保证其信息真实、准确。

条文注释

本条是关于通过网络经营旅行社业务和发布旅游经营信息的规定。

1. 对通过网络经营旅行社业务的要求

（1）通过网络经营旅行社业务，应当依法取得旅行社业务经营许可

网络旅游经营只是经营者的经营模式，不是经营的范围和性质。经营者不管是通过实体门店，还是通过网络经营旅行社专属业务，都需要依照本法第28条和第29条的规定取得业务经营许可。

（2）通过网络经营旅行社业务，应当标明旅行社业务经营许可证信息

旅行社业务经营许可证是旅行社合法经营的标志，是其经营旅

行社业务的法定凭证。标明旅行社业务经营许可证信息是本条规定的旅行社的法定义务,这可以让旅游者识别旅行社身份,方便旅游者与其交易、维权和监督,也有助于旅游主管部门等进行监督管理。旅行社应在网站主页显著位置发布许可证信息。一是如果旅行社通过自建的独立网站经营旅行社业务,则应在其自建网站的主页面发布。二是如果旅行社只是利用网络服务提供者的平台,如淘宝网、团购网等发布旅行社线路、产品信息,则应在该旅行社线路、产品信息的主页面发布。其原因是一些网络服务提供商的平台可能发布多个旅行社产品信息,在网站首页发布旅行社信息不符合实际。旅行社不能以很小的字体、在偏僻的位置发布信息,故意隐瞒、欺骗其真实身份。旅行社业务经营许可证的信息主要包括:旅行社的名称、法定代表人、许可证编号和业务经营范围,以及原许可的旅游主管部门的投诉电话。

2. 网站应当确保发布的旅游经营信息真实、准确

互联网服务经营者在网站发布旅行社、景区及为旅游者提供交通、住宿、餐饮、购物、娱乐等旅游产品和服务信息的,应当保证信息的真实性和准确性。特别需要指出的是,由于旅行社业务属于特许经营业务,如果互联网服务经营者自己经营旅行社业务,应当按照本法第28条和本条第1款的规定,取得旅行社业务经营许可;如果仅是为旅行社提供平台,代为发布旅行社线路、产品信息,应当在网站主页的显著位置标明经营该产品的旅行社的真实、准确的信息,否则其虚标信息的行为涉嫌非法经营旅行社业务,需要承担更严重的法律责任。

此外,虽然本法没有规定,但根据《互联网信息服务管理办法》和《中华人民共和国增值电信业务经营许可证》的要求,通过互联网向消费者提供有偿信息、网上广告、代制作网页、电子商务及其他网上应用服务的,必须办理网络经营的相关许可。

关联法规

《互联网信息服务管理办法》

第四十九条 【相关旅游服务】为旅游者提供交通、住宿、餐饮、娱乐等服务的经营者，应当符合法律、法规规定的要求，按照合同约定履行义务。

条文注释

本条是对交通、住宿、餐饮、娱乐等的经营者为旅游者提供服务的衔接性规定。

1. 旅游经营者应当遵守本法的相关要求

旅游经营链条长，经营环节多，但相互之间的基本法律关系建立在为旅游者提供游览、交通、住宿、餐饮、娱乐等相关服务的基础上，其经营行为在本法调整的范围内。旅游经营者只有共同遵守本法的相关规定，才能保障旅游经营规范有序。因此，其提供相关服务的经营行为应当遵守本法第46条至第56条、第79条至第81条的有关规定。同时，这些经营者如果作为与旅行社存在合同关系的履行辅助人，还应当遵守本法第五章“旅游服务合同”的有关规定。

2. 应当符合法律、法规规定的要求

(1)都应当遵守的主要法律、法规

旅游者也是消费者，交通、住宿、餐饮、娱乐等经营者为旅游者提供服务，同样应遵守《消费者权益保护法》《民法典》等所规定的义务和要求。同时，规范产品生产、销售活动的《产品质量法》，规范安全生产的《安全生产法》，规范消防安全的《消防法》，规范自然灾害、事故灾难、公共卫生事件和社会安全事件等突发事件应对的《突发事件应对法》，都与这些经营者为旅游者提供的产品和服务行为有关，都应予以遵守。

(2)交通经营者应遵守的主要法律、法规

为旅游者提供交通服务的经营者主要包括飞机、火车、汽车、轮船等“水、陆、空”客运经营者。与航空客运经营者相关的主要是《民用航空法》，与铁路客运相关的主要是《铁路法》，与陆上道路客运经营者相关的主要包括《道路交通安全法》《道路运输条例》，与水路客运经营者相关的主要是《国内水路运输管理条例》。

(3)住宿经营者应遵守的主要法律、法规

住宿经营者应遵守的法律、法规、规章主要包括:涉及治安管理的《旅馆业治安管理办法》,涉及防火安全的《消防法》,涉及卫生的《食品安全法》《公共场所卫生管理条例》,涉及娱乐的《娱乐场所管理条例》,涉及特种设备的《特种设备安全监察条例》等。

(4)餐饮经营者应遵守的主要法律、法规

餐饮经营者为旅游者提供服务涉及的问题主要是食品卫生问题和公共卫生问题,应遵守的法律法规主要包括《食品安全法》《食品安全法实施条例》《公共场所卫生管理条例》《突发公共卫生事件应急条例》等。

(5)娱乐经营者应遵守的主要法律、法规

娱乐经营者为旅游者提供的主要是娱乐项目服务,应遵守的法律、法规主要包括《娱乐场所管理条例》《大型群众性活动安全管理条例》等。

3. 按照合同约定履行义务

交通、住宿、餐饮、娱乐等服务的经营者应当遵守《民法典》等有关规定,本着诚实信用、公平公正原则,按照合同约定履行义务,不得随意违反合同约定。一方面要按照合同约定的标的及其品质履行,向旅游者提供符合合同约定和相关法律、法规要求的服务;另一方面要按照合同约定的主体、时间、地点、条件和方式履行。此外,经营者还应当根据合同的性质、目的和交易习惯对旅游者履行通知、协助和保密等义务。不履行合同或者履行合同义务不符合约定时,应当承担相应的违约责任,旅游者可以按照合同约定要求经营者继续履行、支付违约金、赔偿损失。

第五十条 【安全保障和质量标准】旅游经营者应当保证其提供的商品和服务符合保障人身、财产安全的要求。

旅游经营者取得相关质量标准等级的,其设施和服务不得低于相应标准;未取得质量标准等级的,不得使用相关质量等级的称谓和标识。

条文注释

本条是关于旅游经营者商品和服务安全及质量等级的规定。

1. 商品和服务的安全性要求

(1)保证商品和服务符合保障人身、财产安全的要求,是旅游经营者首要、基本的法定义务

旅游经营者应当保证其提供的商品和服务符合保障人身、财产安全的要求,是《产品质量法》、《消费者权益保护法》和本法规定的强制性义务。我国《产品质量法》第13条第1款规定:"可能危及人体健康和人身、财产安全的工业产品,必须符合保障人体健康和人身、财产安全的国家标准、行业标准;未制定国家标准、行业标准的,必须符合保障人体健康和人身、财产安全的要求。"《消费者权益保护法》第18条作了与本法一致的规定,可见保证商品和服务的安全性是旅游经营者必须履行的首要义务、基本义务和法定义务。

同时,旅游经营者和旅游者因消费行为也存在合同关系,双方受合同约定的权利义务约束。根据双方的合同关系,旅游经营者应当按照合同要求提供健康、安全的商品和服务,即适当和全面履行合同。因此,保证商品和服务的安全性也是旅游经营者应当履行的约定义务。当然,如果侵害了旅游者人身、财产安全,还要承担侵权责任或违约责任。

(2)旅游经营者应当采取措施保证商品和服务符合保障人身、财产安全的要求

旅游经营者一是应当依法取得法律、法规规定的许可,如食品生产许可、食品流通许可、餐饮服务许可、客运车辆运营许可等;二是应配备有资质的经营管理和服务人员;三是严格遵守食品、消防技术和设施、特种设备等方面的强制性标准要求;四是建立严格的安全生产、经营和服务机制,加强安全经营和服务培训,对危及人身、财产安全的不合理危险因素有充分的预判和防范能力;五是外购相关商品和服务提供给旅游者时,应尽到安全保证义务,对商品和服务进行查验。采购的商品和服务有瑕疵,对旅游者造成损害的,旅游经营者应依法承担相应的责任。

2. 设施和服务的质量等级要求

旅游经营者取得质量标准等级，不管其标准是否为强制性标准，都表明其产品和服务质量达到了一定的美誉度和识别度，是其对社会和市场的保证和承诺，旅游者往往据此选择产品或服务。因此，已取得相应质量标准等级的旅游经营者，负有与等级认定相符的质量担保义务，否则就是对旅游者的虚假承诺和欺骗。如果达不到相关标准，除相关认定机构会作出取消或者降低等级的措施外，旅游经营者还可能因不诚信而承担相应的法律责任。

本条还禁止未取得质量标准等级的旅游经营者使用相关质量等级的称谓和标识，误导旅游者，扰乱旅游市场秩序。质量等级称谓和标识的取得，需经过一定程序评定从而具有社会公信力，任何以非法手段伪造、使用或者冒充这些质量标识的行为，都是对相关质量事实真相的隐瞒，属于对旅游者的欺诈行为。除为本法明令禁止外，同时也是违反《反不正当竞争法》和《消费者权益保护法》的不正当竞争行为和损害消费者权益的行为。

关联法规

《产品质量法》第13条

《消费者权益保护法》第18条

第五十一条　【禁止商业贿赂】旅游经营者销售、购买商品或者服务，不得给予或者收受贿赂。

条文注释

本条是关于禁止旅游经营者给予或者收受商业贿赂的规定。

旅行社作为旅游经营者，除应当遵守本法第35条第1款的规定外，还应当遵守本条规定。导游、领队等从业人员是旅游经营者的代表，其在职务行为中收受和给予贿赂的后果应由旅游经营者承受，其收受和给予贿赂的后果应认定为经营者的行为。原国家工商行政管理总局发布的《关于禁止商业贿赂行为的暂行规定》第3条规定："经营者的职工采用商业贿赂手段为经营者销售或者购买商品的行为，应当认定为经营者的行为。"根据《刑法》的规定，单位犯商业贿赂罪的，实行双罚制，既罚单位，又罚直接负责的主管人员和其他直接责任人员。

本条规定禁止商业贿赂行为，是对《反不正当竞争法》和《刑法》的衔接，其内涵和外延的判断仍以相关法律、法规为准。

关联法规

《刑法》

《反不正当竞争法》

《关于禁止商业贿赂行为的暂行规定》第3条

第五十二条　【旅游者个人信息保护】旅游经营者对其在经营活动中知悉的旅游者个人信息，应当予以保密。

条文注释

本条是关于旅游经营者对旅游者个人信息具有保密义务的规定。

在旅游领域，个人信息的保护日益受到重视。《最高人民法院关于审理旅游纠纷案件适用法律若干问题的规定》第9条规定，"旅游经营者、旅游辅助服务者以非法收集、存储、使用、加工、传输、买卖、提供、公开等方式处理旅游者个人信息，旅游者请求其承担相应责任的，人民法院应予支持"。《旅行社条例实施细则》第50条第3款规定，"旅行社不得向其他经营者或者个人，泄露旅游者因签订旅游合同提供的个人信息；超过保存期限的旅游者个人信息资料，应当妥善销毁"。本法对此也作出了明确规范。

1. 关于旅游者个人信息

旅游者个人信息即直接或间接识别旅游者本人身份的信息，包括个人的姓名、性别、年龄、血型、身高、健康状况、证件号码、工作单位、通讯地址、联系方式、教育程度、家庭状况等。比如，旅行社在与旅游者订立包价旅游合同时知悉的旅游者个人信息，旅游者向住宿经营者和交通经营者提供的公民个人身份证信息等，都是旅游者个人信息。同时，照片、影像和声音等也可以作为识别旅游者本人的资料。

2. 旅游经营者应当严格保密旅游者个人信息

(1)旅游经营者应当采取必要手段确保信息安全,不得泄露,更不得出售或者非法向他人提供。旅游经营者及其从业人员对收集的旅游者个人信息必须严格保密,并应当采取技术措施和其他必要措施,确保信息安全,避免旅游者由此遭受损失。除了对这些信息严格保密之外,经营者还应当规范管理,加强对内部员工的管理和教育,防止从业人员偷窃、泄露旅游者个人信息。

(2)旅游经营者泄露个人信息给旅游者造成损害的,应承担相应的法律责任。本法规定旅游经营者对于旅游者信息保密的附随义务,其价值在于一方面宣告旅游者享有个人信息的权益,另一方面通过法律明确规定该义务,为权益受到侵害的旅游者提供了一种救济渠道,即通过提起侵权之诉来获得救济。不管旅游经营者无意泄露了旅游者个人信息,还是故意泄露、出卖个人信息,都需要承担相应的责任。

此外,旅游经营者收集和使用旅游者个人信息,应当遵循合法、正当、必要的原则,明示收集、使用信息的目的、方式和范围,切实保护旅游者合法权益。

关联法规

《最高人民法院关于审理旅游纠纷案件适用法律若干问题的规定》

《旅行社条例实施细则》第50条

第五十三条　【旅游客运经营规范】从事道路旅游客运的经营者应当遵守道路客运安全管理的各项制度,并在车辆显著位置明示道路旅游客运专用标识,在车厢内显著位置公示经营者和驾驶人信息、道路运输管理机构监督电话等事项。

条文注释

本条是关于道路旅游客运经营者经营规范的规定。

旅游交通安全是旅游安全的重要内容,为了更好地保障道路旅游客运交通安全,保护旅游者的合法权益,本条在与相关法律、法规相衔接的基础上,对旅游客运作出了一些针对性规定。

第五十四条　【交由他人经营的责任】景区、住宿经营者将其部分经营项目或者场地交由他人从事住宿、餐饮、购物、游览、娱乐、旅游交通等经营的,应当对实际经营者的经营行为给旅游者造成的损害承担连带责任。

条文注释

本条是关于景区、住宿经营者交由他人经营的责任的规定。

1. 景区、住宿经营者将其部分经营项目或者场地交由他人从事住宿、餐饮、购物、游览、娱乐、旅游交通等经营的理解和适用

包括两个方面:一是“交由”,包括租赁、承包等方式。二是交由他人从事旅游相关经营活动。由于旅游相关经营与景区、住宿经营者提供的其他旅游服务相辅相成、相互配套,形成整体对旅游者提供服务。如果交由他人从事其他项目经营,如将场地交租与他人作为公寓、其他单位的办公场所,与旅游服务无关,则不属于本条所包含的范围。

2. 景区、住宿经营者对实际经营者的经营行为给旅游者造成的损失承担连带责任的理解与适用

根据《民法典》第 1168 条关于侵权连带责任的规定,本条规定的连带责任的要义为:景区、住宿经营者与实际经营者承担的连带责任是共同责任,具有整体性。旅游者可以向景区、住宿经营者主张全部责任,也可以向实际经营者主张全部责任,还可以同时向二者主张全部责任。无论是景区、住宿经营者还是实际经营者,都有义务向旅游者承担全部的损害赔偿责任。对责任主体内部而言,经营者之间可以通过约定或过错的比例来划分彼此的责任份额,一方承担责任后有权向另一方追偿超出的份额。但其内部的约定不得对抗旅游者的损害赔偿请求权。本条的适用不需要考虑景区、住宿

经营者主观上是否存在过错，只要实际经营者应当对旅游者承担损害赔偿责任，景区、住宿等经营者就应当承担这种法定的连带责任。

关联法规

《民法典》第1168条

第五十五条　【经营者报告义务】旅游经营者组织、接待出入境旅游，发现旅游者从事违法活动或者有违反本法第十六条规定情形的，应当及时向公安机关、旅游主管部门或者我国驻外机构报告。

条文注释

本条是关于旅游经营者发现旅游者从事违法活动或者有非法滞留、分团、脱团等情形时履行报告义务的规定。

本条规定履行报告义务的主体是组织、接待出入境旅游的旅游经营者。对出境旅游者在境外非法滞留、从事违法活动等行为履行报告义务的主体，主要是旅行社及其从业人员。对入境旅游者在我国境内相关违法行为履行报告义务的主体，除旅行社外，还包括其他旅游经营者及其从业人员。比如，根据《出境入境管理法》的规定，旅馆应按照规定办理外国人住宿登记，报送外国人住宿登记信息；任何人不得容留、藏匿非法入境、非法居留的外国人，协助非法入境、非法居留的外国人逃避检查等。

本条规定应当报告的对象为3个，即公安机关、旅游主管部门、我国驻外机构。向我国驻外机构报告，主要针对出境旅游者的违法行为。根据《旅行社条例》第40条和《中国公民出国旅游管理办法》第22条对非法滞留行为报告义务的规定，第一，旅游者在境外滞留不归的，旅行社委派的领队人员应当及时向旅行社和中华人民共和国驻该国使领馆、相关驻外机构报告。旅行社接到报告后应当及时向旅游行政管理部门和公安机关报告，并协助提供非法滞留者的信息。第二，旅行社接待入境旅游发生旅游者非法滞留我国境内的，应当及时向旅游行政管理部门、公安机关和外事部门报告，并协助提供非法滞留者的信息。旅游者从事违法活动的，旅游经营者应当及时向公安机关、旅游主管部门报告，违法活动在境外发生的，还应当及时向我国驻外机构报告。

关联法规

《旅行社条例》第40条

《中国公民出国旅游管理办法》第22条

第五十六条 【责任保险】国家根据旅游活动的风险程度，对旅行社、住宿、旅游交通以及本法第四十七条规定的高风险旅游项目等经营者实施责任保险制度。

条文注释

本条是关于旅行社、住宿、旅游交通和高风险旅游项目实施经营责任保险制度的规定。

旅游活动具有群体性、异地性的特点，旅游经营场所属于公众聚集场所，较易发生安全事故。因此，基于以下几点考虑，本条进一步确认了现行的旅行社和旅游交通的责任保险制度，并对住宿和高风险旅游项目等经营者实施责任保险制度：一是有的经营场所属于人员密集场所，有的经营活动风险程度较高，一旦发生群体性伤亡事故，需要大量赔付资金。实行责任保险制度，有利于旅游经营者转移风险，提高赔付能力，保障旅游者的利益。二是法定强制责任险有利于降低单个经营者投保责任险的保费。责任保险费率的制订，通常根据责任保险的风险大小、损失率的高低及投保人的数量等来确定。目前，一些住宿、景区、高风险旅游项目经营者愿意投保责任险，但是由于投保人基数过低，保费数额巨大，企业难以承受。三是我国旅游者投保商业险的意识相对较低，规定强制责任保险制度，有利于提高经营者的风险防范和保险意识。

第五章　旅游服务合同

第五十七条　【旅游服务合同的订立】旅行社组织和安排旅游活动,应当与旅游者订立合同。

条文注释

本条是关于旅行社与旅游者订立合同的一般规定。

合同是平等主体的自然人、法人、其他组织之间设立、变更、终止民事权利义务关系的协议。依法订立的合同,受法律保护。旅行社组织、安排旅游活动,是其作为经营者向旅游者提供,且以营利为目的的服务,双方的权利义务关系必须通过订立合同进行明确和规范,并以此约束双方的行为。实践中旅行社提供旅游服务的种类繁多,但以组织和安排旅游活动最为典型,本条要求旅行社在从事相关经营活动时,应当与旅游者订立合同。

1. 订立合同的主体是旅行社与旅游者

旅行社因组织和安排旅游活动而与旅游者签订合同,该合同的双方当事人即为旅行社与旅游者。实践中,关于合同的主体,有几个问题值得注意:一是企事业单位不以营利为目的组织本单位工作人员自行旅游的,不属于本条要求的合同主体;二是企事业单位以自己的名义统一代表职工与旅行社订立合同的,每一位旅游者依然可以依据该合同向旅行社主张相应的权利。

2. 合同的内容是组织、安排旅游活动

本条规定的合同以组织、安排旅游活动为主要内容,组织是对参加旅游活动的旅游者的组织;安排包括旅行社向旅游者提供事先组织成旅游产品的旅游服务,或者根据旅游者的要求,为旅游者提供相应的旅游行程设计、安排,并向旅游者提供约定的旅游服务。

3. 合同的订立

本条规定的合同的订立,是旅行社与旅游者之间作出意思表示、达成合意，最终签订合同的过程。合同的订立，最常见的是采用旅行社提供的格式合同来订立，原国家旅游局和原国家工商总局也通过公布相关包价旅游合同示范文本，对相关合同的基本内容、当事人之间的权利义务关系进行规范。旅行社自己设计格式合同的，应当遵守《民法典》和本法及相关法律、法规的规定。实践中，旅游者与旅行社订立的合同，大多是由旅行社提供的格式合同，《民法典》对格式合同已有明确规定，同时《旅行社条例》第29条第2款也规定，“旅行社和旅游者签订的旅游合同约定不明确或者对格式条款的理解发生争议的，应当按照通常理解予以解释；对格式条款有两种以上解释的，应当作出有利于旅游者的解释；格式条款和非格式条款不一致的，应当采用非格式条款”。

关联法规

《民法典》第496~498条

《旅行社条例》第29条

第五十八条 【包价旅游合同】包价旅游合同应当采用书面形式，包括下列内容：

（一）旅行社、旅游者的基本信息；

（二）旅游行程安排；

（三）旅游团成团的最低人数；

（四）交通、住宿、餐饮等旅游服务安排和标准；

（五）游览、娱乐等项目的具体内容和时间；

（六）自由活动时间安排；

（七）旅游费用及其交纳的期限和方式；

（八）违约责任和解决纠纷的方式；

（九）法律、法规规定和双方约定的其他事项。

订立包价旅游合同时，旅行社应当向旅游者详细说明前款第二项至第八项所载内容。

条文注释

本条是关于包价旅游合同内容和形式，以及旅行社在订立包价旅游合同时说明义务的规定。

1. 关于包价旅游合同，有以下几点值得注意：

(1)安排行程是包价旅游合同的必备要素。行程安排是包价旅游合同区别于委托、居间等合同的根本点。旅行社一些单项或多项代订等经营活动，可以直接适用《民法典》合同编相关规定。

(2)旅游经营者根据旅游者所定计划来安排行程，虽不是“主动和预先组合旅游服务”，但应该属于包价旅游合同的范畴。

(3)包价旅游合同没有关于旅游时间的限制。“一日游”通常不会超过24小时，也不涉及过夜问题，但却具备安排旅游行程、提供两项以上服务等特征，实践中亟须法律规范。

(4)包价旅游合同中的旅游服务既可以是旅行社自己提供，也可以通过履行辅助人提供。

2. 包价旅游合同的内容

本条对包价旅游合同的内容作了详细列举，这些内容与双方的权利义务直接相关。与《旅行社条例》第28条的规定相比，本条有以下三点调整：第一，包价旅游合同中不再对“旅行社安排的购物次数、停留时间及购物场所的名称”和“需要旅游者另行付费的游览项目及价格”作出约定，以与本法第35条的规定相协调。第二，本法第65条、第66条、第67条等规定，对包价旅游合同的解除、变更等作出了明确规定，无须再在合同中对“解除或者变更合同的条件和提前通知的时限”作出约定。第三，增加了关于旅游团成团的最低人数的内容要求，以与本法第63条的规定相衔接。

3. 包价旅游合同的形式

合同的形式包括口头、书面和推定三种。本条规定，包价旅游合同必须采用书面形式。然而，根据《民法典》第490条第2款的规定，法律、行政法规规定或者当事人约定合同应当采用书面形式订立，当事人未采用书面形式但是一方已经履行主要义务，对方接受时，该合同成立。根据该规定，旅行社未与旅游者签订书面包价旅游合同，但已向旅游者提供了旅游服务的，包价旅游合同关系依然成立，双方之间的权利义务关系应当根据本法的规定予以确定。法律对书面形式的要求，主要目的就在于保留证据、降低纠纷解决难度，以及提醒当事人慎重对待等。

4. 旅行社的合同内容说明义务

根据本条第2款的规定，在订立包价旅游合同时，旅行社负有向旅游者详细说明本条第1款所规定的第2项至第8项相关内容的义务，未履行该义务的，即可能因为违反说明义务而导致包价旅游合同不成立、被撤销等，因此造成旅游者损失的，旅行社应当承担赔偿损失的责任。

关联法规

《民法典》第490条

《旅行社条例》第28条

第五十九条 【旅游行程单】旅行社应当在旅游行程开始前向旅游者提供旅游行程单。旅游行程单是包价旅游合同的组成部分。

条文注释

本条是关于旅游行程单的规定。

旅行社提供旅游行程单，说明具体旅游服务时间、地点、内容、顺序等，是对包价旅游合同的履行所做的承诺，是其根据包价旅游合同所承担的旅游服务提供义务的具体化。因此，合同与行程单虽有先后，但内容、标准和权利义务必须是一致的。就此而言，旅游行程单是包价旅游合同的组成部分，旅行社不仅应当按照包价旅游合同履行合同义务，而且应当按照旅游行程单的规定履行合同。如旅行社提供的旅游服务与旅游行程单载明的不一致，旅行社应承担相应的违约责任。

旅行社提供旅游行程单的义务，应当在行程开始前履行，即出团前提供给旅游者。旅行社未在旅游行程开始前向旅游者提供行程单的，属于违反合同义务的行为，应根据本法第70条的规定，承担继续履行、采取补救措施、赔偿损失等责任。

第六十条 【载明委托社、代理社、地接社、导游服务费】旅行社委托其他旅行社代理销售包价旅游产品并与旅游者订立包价旅游合同的，应当在包价旅游合同中载明委托社和代理社的基本信息。

旅行社依照本法规定将包价旅游合同中的接待业务委托给地接社履行的，应当在包价旅游合同中载明地接社的基本信息。

安排导游为旅游者提供服务的，应当在包价旅游合同中载明导游服务费用。

第六十一条 【投保提示义务】旅行社应当提示参加团队旅游的旅游者按照规定投保人身意外伤害保险。

条文注释

本条是关于旅行社对旅游者投保提示义务的规定。

1. 旅游者人身意外伤害保险

人身意外伤害保险，是指保险人于被保险人遭受意外伤害时，负有给付保险金责任的保险。从旅游者与保险公司的人身意外伤害保险合同的角度来看，保险公司为人身意外伤害保险合同的保险人，旅游者为人身意外伤害保险合同的被保险人，投保人既可以是旅游者，也可以是在保险合同订立时，对被保险人具有保险利益的其他人，包括配偶、子女、父母以及与旅游者有抚养、赡养或者扶养关系的家庭其他成员、近亲属，还可以是与投保人有劳动关系的法人、其他组织。保险人在旅游者发生人身意外伤害保险合同约定的保险事故时，应依照相关规定向旅游者或者投保人指定的受益人支付赔偿金。

需要特别说明的是，人身意外伤害保险的赔付，以被保险人受到伤害的结果为前提，并不考虑受到伤害的原因，极大地保障了旅游者的利益,这与旅行社责任险只在旅行社有过错的前提下才支付赔偿有根本的不同。

2. 旅行社提示旅游者投保人身意外伤害保险的义务

首先,旅行社提示的人员范围,是参加团队旅游的旅游者。其次,旅行社仅负有提示团队旅游者按照规定投保人身意外伤害保险的义务,而不负有为旅游者投保人身意外伤害保险的义务。旅行社此项提示义务,属于包价旅游合同中的附随义务,旅行社如未履行此项提示义务,当旅游者遭受意外伤害时,仅承担与其提示义务相适应的责任。

实践中,有些旅行社为了避免旅游者不投保人身意外伤害保险,而自行作为投保人为旅游者投保人身意外伤害保险,以免在发生意外伤害事故时,旅行社因各种原因遭受不利。从法律性质上来讲,旅行社作为投保人为旅游者订立人身意外伤害保险,因其并不属于《保险法》第31条第1款所规定的对被保险人有保险利益的人,故以其名义为旅游者订立保险合同,将导致保险合同无效。为避免这一法律后果,本条要求旅行社对旅游者可自行购买人身意外保险、保护自身利益作出提示,而非承担为其购买的义务。需要强调的是,即使旅游者购买了人身意外险,也并不排除旅行社应依法承担的责任。

关联法规

《保险法》第31条

第六十二条 【相关事项告知义务】订立包价旅游合同时,旅行社应当向旅游者告知下列事项:

(一)旅游者不适合参加旅游活动的情形;

(二)旅游活动中的安全注意事项;

(三)旅行社依法可以减免责任的信息;

(四)旅游者应当注意的旅游目的地相关法律、法规和风俗习惯、宗教禁忌,依照中国法律不宜参加的活动等;

（五）法律、法规规定的其他应当告知的事项。

在包价旅游合同履行中，遇有前款规定事项的，旅行社也应当告知旅游者。

条文注释

本条是关于旅行社在包价旅游合同订立时和履行中相关事项告知义务的规定。

1. 旅行社的告知义务

(1) 本条所指旅行社的告知义务主要包括两个方面的前提。

一是存在可能危及旅游者人身、财产安全的旅游风险。旅游活动大多具有一定的风险性，即使是日常生活中应该能够注意到的风险，在旅游过程中也可能被放大，增加旅游者遭受人身、财产损害的概率，因此，作为旅行社告知义务的前提的旅游风险，不能以日常生活环境作为参考，而应当以旅游活动这一特定背景作为衡量标准。

二是存在可能对旅游者产生不利影响的法律风险。可能对旅游者产生不利影响的法律风险，主要是指旅行社依法可以减免责任的法律风险，以及旅游者应当注意的旅游目的地相关法律、法规和风俗习惯、宗教禁忌，依照中国法律不宜参加活动而面临的法律风险。之所以要求告知旅游者，是由于因此风险导致的后果、责任，需由旅游者自行承担。

(2) 旅行社的告知义务的目的是使旅游者保持警惕，以避免不必要的损失。

法律规定旅行社告知义务，以保护旅游者免受不必要的危险，保护旅游者的合法权益为目的。因此，旅行社是否负有告知义务，以及是否妥当履行了告知义务，应当以这一目的作为判断标准之一。

2. 旅行社告知义务的内容

本条明确规定了旅行社在订立、履行包价旅游合同中的告知义务。但在实践中，对于旅行社的告知义务的具体内容，还需要根据所提供旅游服务内容的不同有针对性地确定。根据本条规定的要

求,应当包括以下几个方面:

(1)旅游者因自身年龄、健康原因不适合参加的旅游活动。这里所称的旅游活动,既包括全部旅游行程,如心血管疾病患者不适宜报名参加赴高原地区的行程,也包括行程中某些旅游项目,如老年人、腰颈椎病患者不适宜参加漂流等。

(2)旅游活动中的安全注意事项。这同样包括行程和项目两个方面,如组织北方地区的旅游者赴热带地区旅游的行程,就需要告知当地饮食需要注意的问题,预防蚊虫叮咬的措施等;在旅游项目中,重点是本法第80条规定的正确使用相关设施设备的方法、必要的安全防范和应急措施等。

(3)旅行社依法可以减免责任的信息。重点是本法第63条至第68条、第70条至第72条规定的费用承担、分担或退还、旅行社协助索赔、旅游者责任自负等规定,这些都属于减轻或免除旅行社责任的法律规定。

(4)旅游者应当注意的旅游目的地相关法律、法规和风俗习惯、宗教禁忌,依照中国法律不宜参加的活动等。此项告知的目的,是避免旅游者因对此一无所知产生法律或道德风险。

值得注意的是,旅游过程中需告知的安全注意事项,应当是因为旅游活动构成的特殊风险,而非所有的风险,作为有行为能力的自然人应当掌握的一般安全方面的常识性风险,就不属于告知的范围。

第六十三条　【不能出团的处理】旅行社招徕旅游者组团旅游,因未达到约定人数不能出团的,组团社可以解除合同。但是,境内旅游应当至少提前七日通知旅游者,出境旅游应当至少提前三十日通知旅游者。

因未达到约定人数不能出团的,组团社经征得旅游者书面同意,可以委托其他旅行社履行合同。组团社对旅游者承担责任,受委托的旅行社对组团社承担责任。旅游者不同意的,可以解除合同。

因未达到约定的成团人数解除合同的,组团社应当向旅游者退还已收取的全部费用。

条文注释

本条是关于因未达到约定成团人数不能出团的规定。

1. 旅行社不能成团时的解除权及其后果

根据本条的规定,未达到约定人数不能出团的法律效果有四个:其一,旅行社可以直接解除包价旅游合同,除退还旅游者报名费外,不承担违约责任;其二,征得旅游者书面同意,可以委托其他旅行社履行包价旅游合同,即旅游业界俗称的"转团",但这一委托并不免除组团社的合同责任,组团社依然对旅游者承担责任;其三,旅游者不同意委托的,也可以解除合同;其四,无论是旅行社解除还是旅游者解除,只要是因未达到约定的成团人数解除合同的,组团社都应当向旅游者退还已收取的全部费用。

2. 旅行社解除权行使的期限

本条第1款对旅行社因未达到约定人数不能出团解除合同的期限作出了明确规定,即境内旅游应当至少提前7日通知旅游者,出境旅游应当至少提前30日通知旅游者。

3. 未经旅游者同意进行委托的责任

根据本条第2款的规定,旅行社在约定成团人数不足的情况下,只有征得旅游者书面同意,方可作出委托。如未取得旅游者同意,是违反合同约定的行为,应当承担《民法典》第577条规定的违约责任,主要包括继续履行、采取补救措施、赔偿损失等。

关联法规

《民法典》第577条

第六十四条 【包价旅游合同的转让】旅游行程开始前,旅游者可以将包价旅游合同中自身的权利义务转让给第三人，旅行社没有正当理由的不得拒绝，因此增加的费用由旅游者和第三人承担。

条文注释

本条是关于旅游者转让自身合同权利义务的规定。

旅游者转让自身合同权利义务的，需要符合两个要求：一是应当向旅行社提出转让的请求；二是应当在“旅游行程开始前”提出，旅游行程开始之后，旅游者不能提出转让。

同时，旅游者行使包价旅游合同的转让权也不是绝对的，旅行社如有正当、合理的理由，有权拒绝旅游者的转让请求。正当、合理的理由主要有两类：一是对应原报名者办理的相关服务、手续不能变更或者不能及时变更，如出团前已来不及为第三人办妥签证等；二是旅游活动对于旅游者的身份、资格等有特殊要求，第三人并不具备相应身份、资格等。

由于旅游者发生了替换，可能会发生旅游费用的增加，对于增加的部分，旅游者与第三人应当向旅游经营者进行补交。

第六十五条　【旅游者解除合同】旅游行程结束前，旅游者解除合同的，组团社应当在扣除必要的费用后，将余款退还旅游者。

条文注释

本条是关于旅游者解除合同及其后果的规定。

根据本条规定，旅游者在不需征得旅行社同意的情况下，享有单方解除包价旅游合同的权利。

旅游者行使合同解除权导致包价旅游合同终止，决定了包价旅游合同仅就未履行部分，发生清算双方合同关系的效力，已经履行的部分，双方根据包价旅游合同的约定承担责任。所谓包价旅游合同的清算，是指旅行社与旅游者就合同终止后相互需要支付的费用进行结算。总体来讲，包价旅游合同因旅游者行使合同解除权而终止时,包价旅游合同规定的旅游服务已经提供的部分,旅游者已经享受其利益,对于该部分,旅游者应当依据解除前的包价旅游合同支付相应的费用;对于尚未提供的旅游服务,旅游经营者无须继续提供,旅游者也无须就未提供的服务向旅游经营者给付报酬。实践中,由于旅游行程开始前,旅游者已预交全部旅游费用,因此通常表现为,旅游经营者向旅游者退还相关费用。

本条规定,组团社应当在扣除必要的费用后,将余款退还旅游者。必要费用包括两个部分:一是组团社已向地接社或者履行辅助人支付且不可退还的费用,二是旅游行程中已实际发生的费用。

第六十六条　【因旅游者的原因解除合同】旅游者有下列情形之一的,旅行社可以解除合同:

(一)患有传染病等疾病,可能危害其他旅游者健康和安全的;

(二)携带危害公共安全的物品且不同意交有关部门处理的;

(三)从事违法或者违反社会公德的活动的;

(四)从事严重影响其他旅游者权益的活动,且不听劝阻、不能制止的;

(五)法律规定的其他情形。

因前款规定情形解除合同的,组团社应当在扣除必要的费用后,将余款退还旅游者;给旅行社造成损失的,旅游者应当依法承担赔偿责任。

条文注释

本条是关于因旅游者原因导致合同解除的规定。

1. 因旅游者原因导致旅行社获得合同解除权的情形

(1)当旅游者患有传染病等疾病,可能危害其他旅游者健康和安全的。在此情形下,如置其他旅游者的身体健康和人身安全于不顾,仍要求旅行社按照包价旅游合同的约定履行合同义务,显然与旅行社对其他旅游者的安全保障义务之要求相悖。就此而言,旅行社解除包价旅游合同不仅仅是法律所赋予的权利,而且是其履行对其他旅游者的安全保障义务的要求,也是旅行社企业社会责任的有机组成部分。

(2)旅游者携带危害公共安全的物品且不同意交有关部门处理的。此情形不仅对其他旅游者的健康、安全造成威胁,甚至可能危害公共安全。旅游者携带爆炸性、毒害性、放射性、腐蚀性物质或者传染病病原体等物质,或者非法携带枪支、弹药或弓弩、匕首等国家规定的管制器具进入公共场所或者公共交通工具的行为,违反了《治安管理处罚法》的规定,面临行政拘留处罚。因此,为了团队其他旅游者和公共利益,旅行社可以解除包价旅游合同。

(3)旅游者从事违法或者违反社会公德的活动的。在此情形下,要求旅行社继续履行包价旅游合同,无异于纵容旅游者的违法行为,旅行社的利益可能因旅游者的违法行为而受到损害。此种情况下,旅行社可以解除合同。

(4)旅游者在接受旅行社提供包价旅游服务过程中,从事严重影响其他旅游者权益的活动,且不听劝阻、不能制止的。包价旅游合同的团体性,要求旅游者在接受服务过程中,负有不得妨碍其他旅游者接受旅游服务的义务,违反这一义务,就要承担相应责任。需要明确的是,在此种情形下,旅行社解除包价旅游合同需同时具备三个要件:其一,旅游者从事严重影响其他旅游者权益的活动;其二,旅游者不听劝阻,即要求旅行社对旅游者从事严重影响其他旅游者权益的活动履行了劝阻义务,如未进行劝阻,则不得解除;其三,旅行社不能制止旅游者从事严重影响其他旅游者权益的活动,但如采取相应措施可得制止的,旅行社也不能解除。三个条件缺一不可。为防止遗漏,本条第1款第5项作了兜底规定,法律规定的其他由于旅游者方面的原因,有必要允许旅行社解除合同的,应当依照其规定。

2. 因旅游者原因解除合同的法律后果

第一，免除旅行社履行包价旅游合同中尚未履行部分的义务。根据《民法典》第566条的规定，合同解除后，尚未履行的，终止履行。此为合同解除的一般法律效果。

第二，鉴于对尚未履行的部分，免除了旅行社的履行义务，旅行社则应当将尚未履行部分的费用退还给旅游者。但由于旅行社还有一些必要费用需要支出，所以本条第2款规定，组团社应当在扣除必要的费用后，将余款退还旅游者。

第三，旅游者的行为给旅行社造成损失的，旅游者应当依法承担赔偿责任。

在现实操作中旅行社需要注意的是，本条赋予了经营者单方面合同解除权，由于会给旅游者带来极为不利的后果，旅行社及其从业人员要留存证据，以事实说明行使解除权的必要性、正当性。此外，即使因旅游者的过错解除合同的，根据本法第68条的规定，旅行社仍需协助其返程。

关联法规

《民法典》第566条

《治安管理处罚法》

第六十七条　【不可抗力等情形的处理】因不可抗力或者旅行社、履行辅助人已尽合理注意义务仍不能避免的事件，影响旅游行程的，按照下列情形处理：

（一）合同不能继续履行的，旅行社和旅游者均可以解除合同。合同不能完全履行的，旅行社经向旅游者作出说明，可以在合理范围内变更合同；旅游者不同意变更的，可以解除合同。

（二）合同解除的，组团社应当在扣除已向地接社或者履行辅助人支付且不可退还的费用后，将余款退还旅游者；合同变更的，因此增加的费用由旅游者承担，减少的费用退还旅游者。

（三）危及旅游者人身、财产安全的，旅行社应当采取相应的安全措施，因此支出的费用，由旅行社与旅游者分担。

（四）造成旅游者滞留的，旅行社应当采取相应的安置措施。因此增加的食宿费用，由旅游者承担；增加的返程费用，由旅行社与旅游者分担。

条文注释

本条是关于因不可抗力或者旅行社、履行辅助人已尽合理注意义务仍不能避免的事件，使旅游行程受到影响时，合同的解除、变更及其相应的法律后果的规定。

1. 影响旅游行程的客观因素

一是不可抗力。根据我国《民法典》第 180 条第 2 款的规定，“不可抗力是不能预见、不能避免且不能克服的客观情况”。通常包括地震、台风、洪水、海啸等自然灾害，以及战争、骚乱、罢工等。根据《民法典》第 563 条第 1 款第 1 项的规定，因不可抗力致使不能实现合同目的时，当事人可以解除合同；第 590 条规定，当事人一方因不可抗力不能履行合同的，根据不可抗力的影响，部分或者全部免除责任，但是法律另有规定的除外。本条也将不可抗力作为解除合同的情形之一。

二是旅行社、履行辅助人已尽合理注意义务仍不能避免的事件。除不可抗力外，合同履行过程中，还可能发生其他旅行社、履行辅助人已尽合理注意义务仍不能避免的事件，导致合同不能履行，或者合同虽能履行，但会产生对一方当事人极不公平的后果，此时应允许变更合同或者解除合同。

2. 合同的解除及其后果

根据本条第 1 项规定，因不可抗力或者旅行社、履行辅助人已尽合理注意义务仍不能避免的事件，使包价旅游合同无法继续履行的，旅行社和旅游者可以解除合同。合同解除的法律后果，主要体现在以下几个方面：

第一，合同尚未履行的部分，终止履行。

第二，因不可抗力等客观原因解除合同，不可归责于旅行社和履行辅助人，旅行社因此不承担解除合同的违约责任。

第三，组团社应当在扣除已向地接社或者履行辅助人支付且不可退还的费用后，将余款退还旅游者。实践中，旅游者在签订旅游合同时，大多已经全部支付旅游费用，因此享有请求旅行社返还旅游费用的权利，组团社应当从旅游费用中扣除已经提供服务的部分和已向地接社或者履行辅助人支付且不可退还的部分。

3. 合同的变更及其后果

包价旅游合同通常包含多个阶段的旅游活动，而不可抗力等客观原因，有可能仅影响部分阶段的活动，在对合同作部分变更后，旅游合同其他部分依然可以继续履行。据此，本条第1项规定，合同不能完全履行的，旅行社可以在合理范围内变更合同，但应当向旅游者作出说明；旅游者不同意变更的，可以解除合同。部分旅游者同意变更、部分旅游者不同意变更时，旅行社依法应当仅对同意变更行程的旅游者根据变更后的行程履行旅游合同，对于不同意变更的，则应当根据本条规定，解除旅游合同。

旅游合同变更的法律后果，主要体现在本条第2项关于费用增加、减少的处理上。变更旅游行程，可能会导致旅游费用增减，按照本条第2项规定，增加的费用由旅游者承担，减少的费用应当退还旅游者。

4. 安全、安置措施与相关费用承担

由于不可抗力或者旅行社、履行辅助人已尽合理注意义务仍不能避免的事件，不仅可能影响旅游行程，而且还可能危及旅游者人身、财产安全，造成旅游者滞留。对于这种情况，本条第3项和第4项分别作了相应的规定。即在危及旅游者人身、财产安全的情况下，旅行社应当采取相应的安全措施，因此支出的费用，由旅行社与旅游者分担；在造成旅游者滞留的情况下，旅行社应当采取相应的安置措施，因此增加的食宿费用，由旅游者承担；增加的返程费用，由旅行社与旅游者分担。主要考虑是，发生上述情形，旅行社和旅游者双方都无过错，按照公平原则，相关费用应主要由双方分担。

关联法规

《民法典》第180条、第563条、第590条

第六十八条　【协助返回】旅游行程中解除合同的，旅行社应当协助旅游者返回出发地或者旅游者指定的合理地点。由于旅行社或者履行辅助人的原因导致合同解除的，返程费用由旅行社承担。

条文注释

本条是关于包价旅游合同解除时旅游者返程及其费用负担的规定。

应当指出，不论何种情形导致行程中合同解除、旅游者需要返程的，旅行社都必须协助其返程。

返程费用的负担，需要根据不同情形分别处理：

(1)旅游者因个人原因主动解除合同，或者旅行社根据本法第66条规定行使解除权的，返程费用由旅游者自己承担。

(2)因不可抗力或者旅行社、履行辅助人已尽合理注意义务仍不能避免的事件，导致合同不能继续履行，或者旅游者不同意调整行程而解除合同的，应根据本法第67条，返程费用由旅行社与旅游者合理分担。

(3)由于旅行社或履行辅助人的原因导致合同解除的，返程费用由旅行社承担。

第六十九条　【包价旅游合同的履行】旅行社应当按照包价旅游合同的约定履行义务，不得擅自变更旅游行程安排。

经旅游者同意，旅行社将包价旅游合同中的接待业务委托给其他具有相应资质的地接社履行的，应当与地接社订立书面委托合同，约定双方的权利和义务，向地接社提供与旅

游者订立的包价旅游合同的副本，并向地接社支付不低于接待和服务成本的费用。地接社应当按照包价旅游合同和委托合同提供服务。

条文注释

本条是关于包价旅游合同的履行的规定。

合同的履行，是指合同中的债务人全面、适当地完成其合同义务，债权人的合同债权得到完全实现。合同的履行，是合同目的的基本要求，没有合同的履行，就不会有合同目的的实现。旅游者一方通常在订立包价旅游合同时完成团费的缴纳，即已适当履行合同义务；旅行社一方，除由于旅游者个人的原因或不可抗力等客观原因导致合同解除、变更外，必须根据合同所约定的服务内容和标准，向旅游者提供其所承诺的相关服务，且不得降低档次、增减项目。实践中，一些旅行社以满足旅游者个性化需求为借口，或者以多数旅游者的要求为理由，擅自减少合同约定的项目，增加购物和自费旅游项目，以获取不正当利益，损害旅游者权益。因此，本条特别强调不得擅自变更旅游行程安排。

基于旅游活动的跨地域性特征，旅行社在履行旅游合同的过程中，通常由旅游者所在地的旅行社与旅游者签订旅游合同，该旅行社并不直接到旅游目的地为旅游者提供旅游服务，而是由旅游目的地当地的旅行社负责接待旅游者。

组团社将接待业务委托地接社履行，首先，组团社在选择缔约对象时，应当选择具有相应资质的旅行社；其次，在组团社与地接社之间的合同订立方面，应当采取书面形式，并明确约定双方的权利和义务；再次，组团社应当向地接社提供与旅游者订立的包价旅游合同的副本；最后，组团社应当向地接社支付不低于接待和服务成本的费用。

在旅游合同履行、向旅游者提供旅游服务过程中，地接社扮演着在旅游目的地实际接待旅游者、具体执行旅游行程安排的重要角色。本条第2款规定，地接社应当按照包价旅游合同和委托合同提供服务。该规定有利于明确包价旅游合同实际履行过程中当事人之间的法律关系。

如果严格根据合同的相对性原则,地接社只需履行与组团社之间的委托合同义务。但是,旅游者在旅游目的地接受旅游服务的过程中,必然与地接社之间发生关系,如果要求旅游者必须先向组团社提出请求,再由组团社向地接社转达,这不符合现实。因此,本条规定地接社应当按照包价旅游合同和委托合同提供服务,有利于保护旅游者的权益。

第七十条　【违约责任】旅行社不履行包价旅游合同义务或者履行合同义务不符合约定的,应当依法承担继续履行、采取补救措施或者赔偿损失等违约责任;造成旅游者人身损害、财产损失的,应当依法承担赔偿责任。旅行社具备履行条件,经旅游者要求仍拒绝履行合同,造成旅游者人身损害、滞留等严重后果的,旅游者还可以要求旅行社支付旅游费用一倍以上三倍以下的赔偿金。

由于旅游者自身原因导致包价旅游合同不能履行或者不能按照约定履行,或者造成旅游者人身损害、财产损失的,旅行社不承担责任。

在旅游者自行安排活动期间,旅行社未尽到安全提示、救助义务的,应当对旅游者的人身损害、财产损失承担相应责任。

条文注释

本条是关于包价旅游合同中旅行社违约责任的规定。

违反合同约定需承担相应责任,这是民事法律的基本原则。但是具体到包价旅游合同上,除一般性违约外,还存在故意违约,甚至造成严重后果,如旅行社无正当理由拒绝履行合同义务甚至甩团等,此时旅行社承担通常的违约、赔偿责任仍不能体现公平、合理的要求,需要法律予以特殊规定。另外,在实践中导致旅行社违约的情形各不相同，需要厘清责任。

1. 旅行社在一般情形下应当承担的责任

旅行社的违约行为是旅行社承担违约责任的客观前提，是指旅行社不履行包价旅游合同义务或者履行合同义务不符合约定，主要表现为旅行社擅自改变旅游行程、遗漏旅游景点、减少旅游服务项目、降低旅游服务标准等。

本条第1款对旅行社在一般情形下的违约责任作了规定，即旅行社不履行包价旅游合同义务或者履行合同义务不符合约定的，应当依法承担继续履行、采取补救措施或者赔偿损失等违约责任。继续履行，是指违约方不履行合同时，另一方当事人要求违约方按合同规定履行义务，而不得以支付违约金或赔偿金的方式代替履行的违约责任承担方式。旅行社承担继续履行责任，应当以旅游者在合理期限内请求且旅行社能够继续履行合同为前提。采取补救措施作为一种独立的违约责任形式，是指矫正合同不适当履行，使履行缺陷得以消除的具体措施。具体在包价旅游合同中，通常为合理的服务项目的替代。旅游者要求旅行社采取补救措施的，应当在发现旅游服务不符合包价旅游合同约定后的合理期限内提出。损害赔偿责任，是指违约方因不履行或不完全履行合同义务而给对方造成损失，依法或根据合同约定承担赔偿对方当事人所受损失的责任。具体在包价旅游合同中，承担损害赔偿的范围通常是旅游者的实际损失，主要包括未完成约定旅游服务项目的费用，以及降低旅游服务标准的差价等。旅行社违约导致的旅游者食宿费用的增加，以及产生的误工等费用，也在此范围内。

旅行社的违约行为还可能造成旅游者的人身损害或者财产损失，旅行社也应当依法承担赔偿责任。

2. 旅行社的惩罚性赔偿责任

根据本条第1款的规定，旅行社承担惩罚性赔偿的前提条件是，旅行社具备履行条件，经旅游者要求旅行社仍拒绝履行合同，这种情形在旅游行业中通常被称为“甩团”。甩团往往是由于旅游者拒绝购物或者拒绝参加另行付费项目，导游、领队未能从中获得回扣等不正当利益所引起的，这种行为本身性质恶劣，有时会造成旅游者走失、旅游者受到人身伤害、旅客滞留等严重后果。因此，本条规定了对旅行社的惩罚性赔偿。

旅行社承担惩罚性赔偿责任的构成要件为：第一，旅行社具备履行条件拒不履行合同。如果旅行社因为不可抗力以及尽到合理注意义务仍不可预见的事件而无法履行，则不能认为其拒不履行合同。第二，经旅游者要求仍然拒绝履行合同。旅游者要求旅行社继续履行合同，是旅行社承担惩罚性赔偿责任的必经程序。经旅游者要求旅行社仍然拒绝履行合同，并不要求旅行社明确作出拒不履行的意思表示，而只要存在不履行合同的事实即可。第三，旅游者发生人身损害、滞留等严重后果。只有旅游者因旅行社甩团等原因受到人身损害、滞留异地或者境外等，方能要求旅行社承担惩罚性赔偿责任。第四，拒绝履行与人身损害、滞留之间存在因果关系。

旅游者要求旅行社承担旅游费用 1 倍以上 3 倍以下的赔偿金，是惩罚性赔偿，不影响旅游者依照本条第 1 款的规定要求旅行社承担人身损害、财产损失的赔偿责任。

3. 旅行社不承担责任的情形

旅游者未尽其应尽的配合、协助履行义务等自身原因，导致包价旅游合同不能履行或者不能按照约定履行的现象时常发生，如擅自脱团、自行参加行程外的活动等主客观原因，以及本法第 66 条规定的合同解除的情形。对此，本条第 2 款规定，由于旅游者自身原因导致包价旅游合同不能履行或者不能按照约定履行，或者造成旅游者人身损害、财产损失的，旅行社不承担责任。

4. 旅游者自行安排活动期间的旅行社责任

旅游者自行安排活动期间，包括旅行社安排的旅游行程中独立的自由活动期间、旅游者不参加旅游行程的活动期间以及旅游者经导游或者领队同意暂时离队的个人活动期间等。

旅游者自行安排活动期间的本质是，旅行社在此期间不提供旅游服务，由旅游者自己安排自己的旅游活动，这些旅游活动与组织旅游合同没有紧密的关系，不属于合同提供服务的组成部分。尤其是在此期间,团队中所有旅游者的活动是个性化的,离开了旅行社、导游、领队或履行辅助人的视野,既不可预期其活动内容,也不可控制其活动风险。因此,旅行社只需承担安全提示、救助义务,但是,如果旅行社未尽到安全提示、救助义务,则应承担相应的法律责任。

之所以在旅行社不提供旅游服务期间,还令其承担提示义务,是因为旅行社对旅游目的地的自然、社会环境较为熟悉,对于该地区容易造成旅游者人身损害、财产损失的风险比较了解,相反旅游者则可能不完全知悉将会面临的危险。为此,从保护旅游者合法权益的角度考虑,赋予旅行社必要的提示义务,是有其合理性的。对于救助义务,旅游者在自行安排活动期间,即使听从了旅行社的提示,仍然可能遭受各种人身伤害、财产损失。在此情况下,旅行社就负有必要、合理的救助义务,即不论此种损害是何原因造成的,旅行社均负有相应的救助义务。

特别需要说明的是,为满足旅游者个性化需求,旅行社开发了"机票加酒店"的包价自助旅游产品,即业内所称的"小包价"。这种产品中,旅行社所提供的服务仅有交通和住宿两项,没有领队服务,除此之外,行程中的所有活动都是由旅游者自行安排的。因此,除交通、住宿期间外的所有时段,都属于本条第3款规定的旅游者自行安排活动期间。

第七十一条　【因地接社、履行辅助人原因违约】由于地接社、履行辅助人的原因导致违约的,由组团社承担责任;组团社承担责任后可以向地接社、履行辅助人追偿。

由于地接社、履行辅助人的原因造成旅游者人身损害、财产损失的,旅游者可以要求地接社、履行辅助人承担赔偿责任,也可以要求组团社承担赔偿责任;组团社承担责任后可以向地接社、履行辅助人追偿。但是,由于公共交通经营者的原因造成旅游者人身损害、财产损失的,由公共交通经营者依法承担赔偿责任，旅行社应当协助旅游者向公共交通经营者索赔。

条文注释

本条是关于地接社、履行辅助人的原因导致违约的责任承担的规定。

1. 组团社应当为地接社、履行辅助人的违约行为承担责任

在包价旅游合同关系中，不论相关旅游服务是由组团社提供的，还是由组团社通过其选择的地接社、履行辅助人提供的，所有违约责任都由组团社来承担，这主要是考虑旅游者与地接社、履行辅助人之间并无直接的合同关系，即使后者违约，旅游者也难以要求其承担责任。但旅游者与组团社具有合同关系，地接社、履行辅助人又是组团社选择、确定的，是代表或者协助组团社履行合同义务的，因此，其行为的后果应当由组团社承担，旅游者有权要求组团社承担因地接社、履行辅助人违约造成损失的责任。

2. 组团社向地接社、履行辅助人的追偿权

为了通过地接社、履行辅助人向旅游者提供服务，组团社需根据包价旅游合同中的服务内容与这些经营者订立合同，地接社、履行辅助人的服务不符合包价旅游合同要求的，自然也会违反其与组团社订立的合同，组团社可以据此要求地接社、履行辅助人承担违约责任，形成组团社向旅游者承担包价旅游合同责任后，再向地接社、履行辅助人行使追偿权的机制。

3. 人身损害、财产损失责任的承担

在包价旅游合同的履行中，如旅行社提供的服务存在缺陷，旅游者除不能享受旅游服务外，还可能会受到人身损害、财产损失。根据《民法典》侵权责任编的规定，旅游者可以以被侵权为由，直接要求作为侵权行为人的地接社、履行辅助人承担侵权赔偿责任，即本条规定的可以要求地接社、履行辅助人承担赔偿责任。但是，地接社、履行辅助人都在旅游目的地经营，直接要求其承担赔偿责任，往往会给异地旅游者造成困难和不方便。在此情况下，旅游者也可

以要求与其订立合同的组团社承担责任。这就是法律关系中出现的违约责任与侵权责任竞合的问题。同样地,组团社承担赔偿责任后,有权向地接社、履行辅助人追偿。

4. 旅行社协助旅游者索赔义务

本条第2款规定,由于公共交通经营者的原因造成旅游者人身损害、财产损失的,由公共交通经营者依法承担赔偿责任。这里的公共交通包括航空、铁路、航运客轮、城市公交、地铁等。之所以将公共交通经营者的原因造成的旅游者的损害,排除在旅行社的责任范围之外,其理由主要在于,与其他履行辅助人不同,旅行社对公共交通经营者基本没有选择余地,更无控制能力。虽然旅行社不承担赔偿责任,但出于其组织旅游的特性,法律规定其有义务协助旅游者向公共交通经营者索赔。

第七十二条　【旅游者的赔偿责任】旅游者在旅游活动中或者在解决纠纷时,损害旅行社、履行辅助人、旅游从业人员或者其他旅游者的合法权益的,依法承担赔偿责任。

条文注释

本条是关于旅游者的损害赔偿责任的规定。

旅游者在旅游活动中或者在解决纠纷时的不适当行为,可能产生损害旅行社、履行辅助人、旅游从业人员或者其他旅游者的合法权益的后果,主要有以下三种类型:

(1)影响行程,使合同的正常履行出现障碍。个别旅游者缺乏整体观念,不遵守行程时间安排,不打招呼擅自脱团不归,违反目的地法律、法规或风俗习惯、禁忌被当地部门处理,还有采取“霸机”、阻止经营者或从业人员正常服务等不正当手段解决纠纷等,都会造成团队无法按照行程计划顺利进行活动甚至滞留的后果,给旅行社和同团旅游者的利益带来损失。

(2)对财产权的侵犯。包括对旅行社、履行辅助人、旅游从业人员或者其他旅游者在内的公私财物的侵犯,如拿走飞机上配备的救生衣,损毁酒店或客房物品,在景区内乱涂乱画等。

(3)对人身权的侵犯。侮辱、打骂旅游从业人员或其他旅游者等,都属于侵犯人身权的范畴。

旅游者承担赔偿责任,原则上应具备以下四个要件:第一,旅游者实施了侵害他人民事权益的行为;第二,旅行社、履行辅助人、旅游从业人员或者其他旅游者遭受了损害;第三,旅游者的行为与旅行社、履行辅助人、旅游从业人员或者其他旅游者所受损害之间存在因果关系;第四,旅游者主观上存在过错。

第七十三条　【旅游者要求的包价旅游合同】旅行社根据旅游者的具体要求安排旅游行程,与旅游者订立包价旅游合同的,旅游者请求变更旅游行程安排,因此增加的费用由旅游者承担,减少的费用退还旅游者。

条文注释

本条是关于旅行社订立根据旅游者要求安排行程的包价旅游合同的规定。

这种合同的本质特征在于,旅行社是根据旅游者的要求为其提供交通、住宿、游览等旅游服务。有观点主张,这种旅行社接受旅游者指示而提供旅游服务的法律关系,应属于委托合同,旅行社仅对其在预定旅游服务中的过错承担责任,而对于住宿、交通、游览等旅游服务的瑕疵不承担责任。但是,究竟是根据旅游者的要求确定旅游行程安排,还是旅行社事先确定旅游行程,对旅行社所承担的合同义务性质并无决定性影响。只要旅行社是以自己的名义向旅游者提供旅游服务的,其就应当对旅游服务的提供承担自己责任,这也与实际做法相符。这种旅游方式下所订立的旅游服务合同,依然属于包价旅游合同,旅行社应根据包价旅游合同的相关规定承担相应的义务。

根据旅游者的具体要求安排旅游行程的包价旅游合同的最大特殊性在于,其体现了旅游者的自主性安排。特别是参加这种旅游活动的旅游者,即使人数众多,但通常能够形成统一的意志。正是基于此种考虑，本条对此类包价旅游合同的行程变更并未作非常严格的限制，而是允许旅游者变更。

然而，旅游者变更旅游行程安排时，通常会发生旅游费用的增加或减少。这种费用的增加或者减少都是由于旅游者原因造成的，据此，本条规定增加的费用由旅游者承担，减少的费用退还旅游者。

第七十四条 【旅游代订、设计、咨询合同】旅行社接受旅游者的委托，为其代订交通、住宿、餐饮、游览、娱乐等旅游服务，收取代办费用的，应当亲自处理委托事务。因旅行社的过错给旅游者造成损失的，旅行社应当承担赔偿责任。

旅行社接受旅游者的委托，为其提供旅游行程设计、旅游信息咨询等服务的，应当保证设计合理、可行，信息及时、准确。

条文注释

本条是关于旅游代订、设计、咨询合同的规定。

旅游代订合同是指旅行社接受旅游者的委托，为其代订交通、住宿、餐饮、游览、娱乐等旅游服务，旅游者支付代办费用的合同，是《民法典》规定的委托合同的一种类型。与一般的委托合同相同，旅游代订合同是建立在旅游者(委托人)与旅行社(受托人)相互信任的基础上的。根据《民法典》的规定，受托人应当亲自处理受托的事务，不经委托人同意，不能转托他人处理受托的事务。旅行社作为旅游者的受托人，其行为后果由旅游者承担，旅行社仅对其代订行为承担责任。

对旅行社来讲，为旅游者提供代订相关服务是其经营活动，可以收取代办费用，二者之间成立的旅游代订合同属于有偿合同。根据《民法典》第929条的规定，本条第1款明确因旅行社的过错给旅游者造成损失的，旅行社应当承担赔偿责任。

关联法规

《民法典》第929条

第七十五条 【按约定提供住宿服务】住宿经营者应当按照旅游服务合同的约定为团队旅游者提供住宿服务。住宿经营者未能按照旅游服务合同提供服务的,应当为旅游者提供不低于原定标准的住宿服务,因此增加的费用由住宿经营者承担;但由于不可抗力、政府因公共利益需要采取措施造成不能提供服务的,住宿经营者应当协助安排旅游者住宿。

条文注释

本条是关于为团队旅游者提供住宿服务的规定。

住宿经营者未能按照合同提供住宿服务的,根据《民法典》的规定,应承担继续履行、采取补救措施或者赔偿损失等违约责任。然而,考虑到住宿服务的特殊性,要求住宿经营者实际履行,对于旅游者更为有利,特别是在旅游旺季,即使旅游者获得退赔,也可能无法觅到住房。唯有要求住宿服务提供者继续依约提供住宿服务,且其标准不得低于约定的服务标准,才是符合旅游者利益保护的。因此,本条要求住宿经营者对违约承担继续履行、实际履行的责任,凡未能按照旅游服务合同提供服务的,应当为旅游者提供不低于原定标准的住宿服务,因此增加的费用由住宿经营者承担。

当然,由于不可抗力、政府因公共利益需要采取措施造成住宿经营者不能提供服务的,应免除其实际履行的责任,但其依然应当协助安排旅游者住宿。

第六章 旅游安全

第七十六条 【旅游安全监管职责】县级以上人民政府统一负责旅游安全工作。县级以上人民政府有关部门依照法律、法规履行旅游安全监管职责。

第七十七条 【安全风险提示以及突发事件监测和评估】国家建立旅游目的地安全风险提示制度。旅游目的地安全风险提示的级别划分和实施程序，由国务院旅游主管部门会同有关部门制定。

县级以上人民政府及其有关部门应当将旅游安全作为突发事件监测和评估的重要内容。

条文注释

本条是关于安全风险提示制度和旅游突发事件监测、评估制度的规定。

旅游目的地安全风险提示制度，主要指预先发现境内外旅游目的地对旅游者的人身、财产可能造成损害的自然灾害、事故灾难、公共卫生事件和社会安全事件等安全风险，运用定性和定量分析相结合的方法，识别旅游安全风险的类别、等级，提出旅游出行的建议，并按规定的权限和程序，向社会发布相关提示信息的制度。

目前，各行各业都有相关的安全风险级别划分方法。《突发事件应对法》第63条第1款和第2款规定，"国家建立健全突发事件预警制度。可以预警的自然灾害、事故灾难和公共卫生事件的预警级别，按照突发事件发生的紧急程度、发展势态和可能造成的危害程度分为一级、二级、三级和四级，分别用红色、橙色、黄色和蓝色标示，一级为最高级别"。各相关部门也据此对各自领域的安全风险级别作出了相应规定，如《地质灾害防治条例》《海洋灾害应急预案》《国家突发公共卫生事件应急预案》等。这些风险等级的划分为旅游目的地安全风险提示级别的划分提供了借鉴，国务院旅游主管部门应当会同有关部门按照本法规定，在综合各方面风险级别的基础上，划分旅游目的地的安全风险等级，并正式公开相关信息。

旅游目的地安全风险监测和评估，是指对旅游目的地的自然灾害、事故灾难、公共卫生事件和社会安全事件等危及或者可能危及旅游者人身、财产安全的事件进行监测、分析和评估的综合过程。

根据有关法律规定,我国对不同类别的突发事件的监测和评估分属不同的职能部门负责,旅游突发事件的监测和评估是政府突发事件监测和评估的重要组成部分,县级以上人民政府及有关部门在依法建立各自的监测和评估机制时,应当将旅游安全作为其中的重要内容,考虑旅游这一要素,旅游主管部门应给予配合。这一制度设计,有利于利用县级以上人民政府已有的应急资源,发挥有关职能部门监测和评估突发事件的专业能力,提升旅游安全风险监测评估的科学性和有效性,提升旅游安全风险提示的准确性。

关联法规

《突发事件应对法》第63条

第七十八条 【旅游应急管理】县级以上人民政府应当依法将旅游应急管理纳入政府应急管理体系,制定应急预案,建立旅游突发事件应对机制。

突发事件发生后,当地人民政府及其有关部门和机构应当采取措施开展救援,并协助旅游者返回出发地或者旅游者指定的合理地点。

条文注释

本条是关于政府旅游应急管理和突发事件应对的规定。

加强旅游应急管理是我国旅游产业发展与旅游突发事件治理的要求。第一,旅游突发事件发生后应对不当,既可能加重对旅游者人身、财产安全的损害,也可能影响我国旅游产业的升级;第二,我国旅游突发事件和旅游安全问题日益突出,旅游应急救援体系需有新的发展;第三,旅游目的地的安全性和突发事件的应对效果是影响旅游可进入性的重要内容;第四,入境旅游者对旅游目的地安全问题更加敏感,旅游突发事件处理不好不但影响旅游目的地的旅游形象,更有可能损害我国的国际形象。因此,本法作出了相应规定。

旅游者在异地旅游遇到突发事件后,孤立无援,如果不尽快协助其离开突发事件发生地，既可能因为形势不稳定造成旅游者的恐惧和二次伤害，也可能因突发事件发生地生活物资的短缺而无法继续救助旅游者。虽然本条也规定了旅行社有协助旅游者返回出发地或者旅游者指定的合理地点的义务，但在面对突发事件时，旅行社可能没有相应的能力履行这一义务，在旅行社和旅游者自救的基础上，需要政府的力量妥善解决旅游者面临的实际困难，促进旅游突发事件的快速善后。因此，本条规定了协助旅游者返回出发地或者旅游者指定的合理地点的突发事件应对的特殊要求。

第七十九条　【旅游经营者的安全保障义务】旅游经营者应当严格执行安全生产管理和消防安全管理的法律、法规和国家标准、行业标准，具备相应的安全生产条件，制定旅游者安全保护制度和应急预案。

旅游经营者应当对直接为旅游者提供服务的从业人员开展经常性应急救助技能培训，对提供的产品和服务进行安全检验、监测和评估，采取必要措施防止危害发生。

旅游经营者组织、接待老年人、未成年人、残疾人等旅游者，应当采取相应的安全保障措施。

第八十条　【旅游经营者的安全说明、警示义务】旅游经营者应当就旅游活动中的下列事项，以明示的方式事先向旅游者作出说明或者警示：

（一）正确使用相关设施、设备的方法；

（二）必要的安全防范和应急措施；

（三）未向旅游者开放的经营、服务场所和设施、设备；

（四）不适宜参加相关活动的群体；

（五）可能危及旅游者人身、财产安全的其他情形。

条文注释

本条是关于旅游经营者安全说明、警示义务的规定。

本条根据旅游服务的特点，规定旅游经营者应当说明或者警示的内容包括：一是正确使用相关设施、设备的方法。如游乐场所经营者对旅游者使用游乐设施的安全说明。二是必要的安全防范和应急措施。如乘坐游艇时穿戴救生衣，高原旅游时防范高原反应等有针对性的风险提示和防范措施、应急措施。三是未向旅游者开放的经营、服务场所和设施、设备。如景区对尚未开放游览的场所或者大型游乐设施，住宿经营者对正在施工的服务区域等，应作出禁止旅游者游览或者进入的警示标志或者说明。四是不适宜参加相关活动的群体。如旅行社对拟赴西藏旅游者告知其容易产生高原反应的群体，提示其慎重选择赴高原地区旅游；对参加高危旅游活动的旅游者，按要求告知其心脏病、高血压等疾病患者不适合参加等。五是可能危及旅游者人身、财产安全的其他情形。这是兜底条款，对于其他可能危及旅游者安全的情形旅游经营者都有提示义务。

第八十一条　【旅游经营者的安全救助、处置、报告义务】突发事件或者旅游安全事故发生后，旅游经营者应当立即采取必要的救助和处置措施，依法履行报告义务，并对旅游者作出妥善安排。

条文注释

本条是关于旅游经营者安全救助、处置和报告义务的规定。

旅游安全事故主要指涉及旅游经营者或者旅游者的安全事故。发生突发事件或旅游安全事故后，旅游经营者应履行安全救助和处置义务。“立即采取”是指在突发事件或旅游安全事故发生后，旅游经营者在知道或应该知道该事件后的第一时间进行相关工作，强调即时性；如果国家有明确规定，应当在规定的时限内。“必要的”指在旅游经营者的能力范围内采取救助和处置措施。由于突发事件和旅游安全事故的复杂性、严重性等,旅游经营者通常没有能力完全承担对旅游者的救助工作和事件处置工作,不适当的处置可能会造成二次损害,因此,旅游经营者应在"必要"的范围内积极采取合理措施来实施救助和处置。救助和处置措施主要包括:营救受害旅游者,疏散、撤离、安置受到威胁的旅游者,控制危险源,标明危险区域,封锁危险场所,并采取其他防止危害扩大的必要措施;对因本单位的原因引发的或者主体是本单位人员的社会安全事件,应迅速派出负责人赶赴现场开展劝解、疏导工作以及其他应当采取的救助和处置措施。

第八十二条 【旅游者请求救助】旅游者在人身、财产安全遇有危险时,有权请求旅游经营者、当地政府和相关机构进行及时救助。

中国出境旅游者在境外陷于困境时,有权请求我国驻当地机构在其职责范围内给予协助和保护。

旅游者接受相关组织或者机构的救助后,应当支付应由个人承担的费用。

条文注释

本条是关于旅游者安全保障权利和付费义务的规定。

旅游者在人身、财产安全遇有危险时,有权请求旅游经营者、当地政府和相关机构进行及时救助。遇有危险主要指遇到、面临突发事件、安全事故、第三人侵害等已经发生或者可能发生的,危及旅游者人身、财产安全的事件。当地政府主要指旅游者危险发生地的我国乡镇一级和县级人民政府。当地相关机构主要指有关职能部门和承担公共事务职能的事业单位、社会组织等。如果向我国省、地市一级政府求助,相关政府或者机构应当及时指示县级人民政府予以救助。接到救助请求的人员应当立即报告单位,根据情形施救。

中国出境旅游者在境外陷于困境时,有权请求我国驻当地机构在其职责范围内给予协助和保护。中国出境旅游者主要指出境旅游的中国公民。

第七章 旅游监督管理

第八十三条 【监管职责】县级以上人民政府旅游主管部门和有关部门依照本法和有关法律、法规的规定，在各自职责范围内对旅游市场实施监督管理。

县级以上人民政府应当组织旅游主管部门、有关主管部门和市场监督管理、交通等执法部门对相关旅游经营行为实施监督检查。

第八十四条 【旅游主管部门及其工作人员的禁止行为】旅游主管部门履行监督管理职责，不得违反法律、行政法规的规定向监督管理对象收取费用。

旅游主管部门及其工作人员不得参与任何形式的旅游经营活动。

条文注释

本条是关于旅游主管部门及其工作人员履行监管职责时的禁止性行为的规定。

依据《价格法》第47条第1款的规定，“国家行政机关的收费，应当依法进行，严格控制收费项目，限定收费范围、标准。收费的具体管理办法由国务院另行制定”。价格部门行使对行政事业性收费的监督管理权，未经价格部门核定的行政事业性收费，均属于本法规定的“乱收费”。行政事业性收费之外，我国与旅游相关的法律法规中，除部分规定可以收取工本费外，还没有其他关于收费的规定。综上，除以上两种情形的收费，不论是旅游部门还是其他相关部门，都在“乱收费”之列，应当严格禁止。

关联法规

《价格法》第47条

第八十五条　【旅游主管部门的监管权限】县级以上人民政府旅游主管部门有权对下列事项实施监督检查：

（一）经营旅行社业务以及从事导游、领队服务是否取得经营、执业许可；

（二）旅行社的经营行为；

（三）导游和领队等旅游从业人员的服务行为；

（四）法律、法规规定的其他事项。

旅游主管部门依照前款规定实施监督检查，可以对涉嫌违法的合同、票据、账簿以及其他资料进行查阅、复制。

条文注释

本条是关于旅游主管部门监管权限的规定。

对旅行社，主要是经营旅行社业务是否取得旅行社业务许可，以及从事出境游或边境游经营是否还取得了相应许可。实践中又有两种情况：一种情况是未取得任何许可即从事旅行社业务，即业界俗称的“黑社”非法经营；另一种情况是取得了旅行社业务经营许可，但未取得出境游或边境游许可而从事出境游、边境游业务，即通常所说的超范围经营。这两种情形旅游主管部门都有监督检查权。对导游和领队，主要是是否依法取得导游证，未取得而从事相应业务的，即业界俗称的“黑导”，本法严格禁止，旅游部门对其也有监督检查权。

对旅行社、导游、领队的从业行为进行监管，是国务院赋予旅游部门的职责，目的是防止违反《旅游法》《旅行社条例》《导游管理办法》《中国公民出国旅游管理办法》有关禁止性规定等情形的发生。监督检查的方式包括日常检查、抽查、根据投诉和举报进行调查检查等。

本条规定的查阅、复制权，是证据保全的需要。在规定这一权利的同时，本条也作出了必要的限定，即强调“涉嫌违法”的“合同、票据、账簿以及其他资料”才能查阅、复制，主要是为防止旅游监督检查部门及其人员滥用职权，侵犯企业和个人的合法权益。

第八十六条　【履职要求】旅游主管部门和有关部门依法实施监督检查，其监督检查人员不得少于二人，并应当出示合法证件。监督检查人员少于二人或者未出示合法证件的，被检查单位和个人有权拒绝。

监督检查人员对在监督检查中知悉的被检查单位的商业秘密和个人信息应当依法保密。

条文注释

本条是关于旅游主管部门和有关部门监督检查行为的约束性规定。

本法第83条第1款规定，“县级以上人民政府旅游主管部门和有关部门依照本法和有关法律、法规的规定，在各自职责范围内对旅游市场实施监督管理”，国务院“三定”方案也赋予旅游部门对旅游市场的监督检查权。在赋予行政部门权力的同时，也应对权力的行使作出相应规范。《行政处罚法》对行政机关的具体监督检查行为作出普遍性约束，涉及行政执法的相关法律法规、部门规章和规范性文件，对监督检查行为也有具体的规定。本法对旅游监督检查行为作出相应规定，是对依法行政要求和《行政处罚法》等法律法规的具体落实，也是与上述法律法规的有效衔接。

第八十七条　【配合义务】对依法实施的监督检查，有关单位和个人应当配合，如实说明情况并提供文件、资料，不得拒绝、阻碍和隐瞒。

第八十八条 【对违法行为的处理】县级以上人民政府旅游主管部门和有关部门，在履行监督检查职责中或者在处理举报、投诉时，发现违反本法规定行为的，应当依法及时作出处理；对不属于本部门职责范围的事项，应当及时书面通知并移交有关部门查处。

条文注释

本条是关于违法行为处理及移交处理的规定。

本法将部门间相互转办作为一种义务进行规定，并提出“及时”、“书面通知”和“移交”的要求，实际上是明确了发现违法行为的首个部门是“第一责任部门”，需要承担比“告知”更重的责任，行使事实上的督促、监督权，这为政府实现内部追责，或旅游者投诉有关部门不作为提供了法律依据，从而可以更有效地维护市场秩序，更好地保障旅游者权利。

第八十九条 【信息共享】县级以上地方人民政府建立旅游违法行为查处信息的共享机制，对需要跨部门、跨地区联合查处的违法行为，应当进行督办。

旅游主管部门和有关部门应当按照各自职责，及时向社会公布监督检查的情况。

条文注释

本条是关于旅游违法行为查处信息共享机制，跨部门、跨地区违法行为督办义务，以及公告监督检查信息的规定。

本条规定的督办责任，实际上是对机制建设提出的要求；同时，督办是一种全程督办，即贯穿从启动督办到处理结果检查的全过程。具体内容应当包括：需要督办事项的提起部门和方式；政府接到督办建议后或主动督办时划分部门责任的原则；督办的形式及流程；对督办结果，即案件处理结果的跟踪和责任落实，包括落实在部门和主要责任人员方面的责任，以及责任追究方式等。

本条规定的目的是增加政府工作透明度，将旅游执法行为置于公众和舆论的监督下，拓宽发现错误的渠道，提高执法行为和执法结果的公平性、准确性，并切实发挥旅游行政执法对社会的教育功用，增强对违法行为的震慑力。这一规定的要点有三：一是公告的责任主体是旅游主管部门和有关部门，原则是“部门各负其责”，各部门负责公告本部门职权范围内的监督检查情况信息。二是公告的内容是监督检查的情况，包括投诉、举报的受理与否及其原因，案件的详细情况，作出处罚或不予处罚决定的依据等，以及重大监督检查行动和检查结果的情况。三是公布在时间上要及时，按照《政府信息公开条例》第26条的规定，“属于主动公开范围的政府信息，应当自该政府信息形成或者变更之日起20个工作日内予以公开。法律、法规对政府信息公开的期限另有规定的，从其规定”。四是公布的形式，《政府信息公开条例》第23条规定，“行政机关应当建立健全政府信息发布机制，将主动公开的政府信息通过政府公报、政府网站或者其他互联网政务媒体、新闻发布会以及报刊、广播、电视等途径予以公开”。另外，需要说明的是，《旅行社条例》第42条已就信息公开有了较为具体的规定，即“旅游、工商、价格等行政管理部门应当及时向社会公告监督检查的情况。公告的内容包括旅行社业务经营许可证的颁发、变更、吊销、注销情况，旅行社的违法经营行为以及旅行社的诚信记录、旅游者投诉信息等”。旅游主管部门履行公开义务，应当遵循此规定。

关联法规

《政府信息公开条例》第23、26条

《旅行社条例》第42条

第九十条 【行业自律】依法成立的旅游行业组织依照法律、行政法规和章程的规定，制定行业经营规范和服务标准，对其会员的经营行为和服务质量进行自律管理，组织开展职业道德教育和业务培训，提高从业人员素质。

第八章 旅游纠纷处理

第九十一条 【旅游投诉受理机构】县级以上人民政府应当指定或者设立统一的旅游投诉受理机构。受理机构接到投诉,应当及时进行处理或者移交有关部门处理,并告知投诉者。

条文注释

本条是关于政府设置旅游投诉受理机构的规定。

旅游投诉受理机构的职能有以下几点:

1. 统一接受旅游者的投诉

本条所指"受理"是指接受旅游者的投诉请求,据此,投诉受理机构在接到旅游者的投诉请求后,需要如实将投诉人姓名、联系方式、具体请求事项等有关情况记录在案。

2. 自行处理或将投诉转交各有关部门进行处理

接到旅游者投诉请求并记录在案后,旅游投诉受理机构需要按照政府各部门职责分工,及时将投诉交有关部门进行办理。政府指定的旅游投诉统一受理机构本身即具有一定的投诉处理权,如旅游质量监督机构、旅游执法机构等,其接到投诉请求并确定属于自身职责范围的,应当自行处理。

3. 对投诉人的告知义务

接受投诉后,无论是自己有权处理的,还是转办其他部门处理的,投诉受理机构都要将确定的处理部门或机构的联系人、联系方式等信息告知投诉人。由投诉受理机构负责处理的,投诉受理机构还应当向投诉人告知投诉处理结果;移交其他部门处理的,投诉受理机构也应当跟踪了解处理情况,并告知投诉人。

第九十二条　【旅游纠纷解决途径】旅游者与旅游经营者发生纠纷，可以通过下列途径解决：

（一）双方协商；

（二）向消费者协会、旅游投诉受理机构或者有关调解组织申请调解；

（三）根据与旅游经营者达成的仲裁协议提请仲裁机构仲裁；

（四）向人民法院提起诉讼。

条文注释

本条是关于旅游纠纷解决途径的规定。

旅游纠纷属于民事纠纷，由当事人自愿选择解决的方式和途径。双方协商、调解、仲裁和诉讼等途径，具有不同的特点，旅游者可以根据自身需要选择运用，保护自己的合法权益。

1. 双方协商

双方协商又称双方和解，即由旅游者和旅游经营者在自愿平等的基础上，本着解决问题的诚意，通过摆事实讲道理，交换意见互谅互让，从而协商解决争议的一种方法。这种方法直接、及时、平和，成本较低，对双方都有利。但双方协商的缺点在于协商结果无法律上的强制力，一旦一方或双方反悔，则需要通过其他途径再行解决。

2. 调解

调解，是指在中立第三方的主持下，通过劝解、疏导等，使双方自愿进行协商，达成协议、解决纠纷的方法。调解有利于消除隔阂，防止矛盾激化，维护社会稳定，被实践证明是解决民事法律纠纷较为有效的方式。调解需要在双方自愿的基础上进行，调解纠纷所运用的依据不得违反法律法规的禁止性规定。

关于主持调解的第三方的选择，法律采取列举和指引相结合的方法表述：旅游者是消费者，旅游纠纷是消费纠纷，根据《消费者权益保护法》的规定，消费者协会具有调解职责，旅游争议双方可以向消费者协会申请调解；根据本法规定，旅游投诉受理机构具有调解功能，争议双方也可向其申请调解；除此之外，法定的调解机构还有人民调解委员会，《人民调解法》对人民调解委员会的调解程序和调解协议效力等内容作了规定，民间也还有各种各样的调解组织，按照本法规定，只要是在当事人自愿基础上，双方都可以向其提出调解的申请。需要特别说明的是，根据我国现行法律法规，除经人民调解委员会调解并经人民法院司法确认的调解协议外，一般的调解协议，不具有法律强制力，由双方自愿履行，一旦当事人一方或双方反悔，则需通过其他途径再行解决。

3. 仲裁

仲裁，是指当事人根据事先或事后达成的书面仲裁协议自愿将争议提交第三方裁决以解决争议的一种法律制度。按《仲裁法》规定，当事人采用仲裁方式解决纠纷，应当双方自愿，达成仲裁协议；没有仲裁协议，一方申请仲裁的，仲裁委员会不予受理。仲裁没有级别管辖和地域管辖，仲裁机构也不按行政区划设置，当事人可以按双方的意愿选择任何仲裁机构对争议进行仲裁。仲裁裁决具有强制性，当事人应当履行，否则权利人有权申请人民法院强制执行。仲裁实行一裁终局制度，裁决作出后，除被人民法院裁定撤销或者不予以执行的外，产生法律效力，当事人就同一争议再申请仲裁或者向人民法院起诉的，仲裁委员会或人民法院不予受理。

4. 诉讼

诉讼是人民法院代表国家通过行使司法审判权来解决争议的一种途径。人民法院作出的判决或裁定一经生效，就由国家强制力保证其实施，具有最高的权威性和最终的决定力。旅游纠纷主要是旅游者与经营者之间就民事权益所产生的争议，应按民事诉讼程序进行。需要说明的是，双方协商、调解不是提起诉讼的必经程序，只要一方认为有必要，即可直接向人民法院提起诉讼。

第九十三条　【调解】消费者协会、旅游投诉受理机构和有关调解组织在双方自愿的基础上，依法对旅游者与旅游经营者之间的纠纷进行调解。

条文注释

本条是关于调解的规定。

调解需要遵循两个原则：(1)自愿原则。参照《人民调解法》的有关规定，调解的自愿原则包括两个方面：一是调解工作必须在双方当事人自愿的基础上进行；二是调解协议内容必须出自双方自愿。(2)合法原则。参照《人民调解法》的有关规定，调解的合法原则主要指调解工作要以事实为根据，在分清是非的基础上，正确地适用实体法来确定双方当事人的权利和义务，调解协议的内容不得与民事法律中的禁止性规定相冲突，不得侵害国家利益、社会公共利益，不得违反公序良俗和损害第三人的合法权益。

第九十四条　【代表人】旅游者与旅游经营者发生纠纷，旅游者一方人数众多并有共同请求的，可以推选代表人参加协商、调解、仲裁、诉讼活动。

条文注释

本条是关于旅游者推选代表人参加纠纷解决活动的规定。

旅游者一方人数众多，对外沟通成本高，才有必要推选代表人；旅游者请求一致时，才可能合并处理。以上两个要求同时具备，才能适用本条的规定。关于何为人数众多，根据《最高人民法院关于适用〈中华人民共和国民事诉讼法〉的解释》第75条至第78条的规定，人数众多，一般指10人以上。当事人一方人数众多在起诉时确定的，可以由全体当事人推选共同的代表人，也可以由部分当事人推选自己的代表人；推选不出代表人的当事人，在必要的共同诉讼中可以自己参加诉讼，在普通的共同诉讼中可以另行起诉。当事人一方人数众多在起诉时不确定的，由当事人推选代表人。当事人推选不出的，可以由人民法院提出人选与当事人协商；协商不成的，也可以由人民法院在起诉的当事人中指定代表人。《民事诉讼法》第56条和第57条规定的代表人为2至5人，每位代表人可以委托1至2人作为诉讼代理人。《旅游投诉处理办法》第14条规定，“投诉人4人以上，以同一事由投诉同一被投诉人的，为共同投诉。共同投诉可以由投诉人推选1至3名代表进行投诉”。关于协商、仲裁及其他方式调解如何确定“人数众多”，可以参照以上标准确定。

被推行的代表人，实质为推选人的代理人，适用《民法典》中有关代理的规定，即代表人以推选人的名义从事代理活动，行为结果由推选人承担。此外，《民事诉讼法》第57条第3款规定，“代表人的诉讼行为对其所代表的当事人发生效力，但代表人变更、放弃诉讼请求或者承认对方当事人的诉讼请求，进行和解，必须经被代表的当事人同意”。《旅游投诉处理办法》第14条规定，“代表人参加旅游投诉处理机构处理投诉过程的行为，对全体投诉人发生效力，但代表人变更、放弃投诉请求或者进行和解，应当经全体投诉人同意”。当然，是否推选代表人是旅游者的权利，如果旅游者认为自己亲自参与纠纷处理更合适，可以不推选代表人。

关联法规

《民事诉讼法》第57条

《最高人民法院关于适用〈中华人民共和国民事诉讼法〉的解释》第75～78条

《旅游投诉处理办法》第14条

第九章　法律责任

第九十五条　【违反旅行社业务经营许可规定的法律责任】违反本法规定，未经许可经营旅行社业务的，由旅游主管部门或者市场监督管理部门责令改正，没收违法所得，并处一万元以上十万元以下罚款；违法所得十万元以上的，并处违法所得一倍以上五倍以下罚款;对有关责任人员,处二千元以上二万元以下罚款。

旅行社违反本法规定,未经许可经营本法第二十九条第一款第二项、第三项业务,或者出租、出借旅行社业务经营许可证,或者以其他方式非法转让旅行社业务经营许可的,除依照前款规定处罚外,并责令停业整顿;情节严重的,吊销旅行社业务经营许可证;对直接负责的主管人员,处二千元以上二万元以下罚款。

条文注释

本条是关于违反本法第28条无许可资质经营旅行社业务,以及第29条超范围经营旅行社业务和第30条非法转让旅行社业务经营许可的法律责任的规定。

本条规定的违法行为主体包括未经许可经营旅行社业务的单位和个人,以及旅行社。

本条规定的执法主体为旅游主管部门和市场监督管理部门。由于未经许可经营旅行社业务、超范围经营旅行社业务的行为,也是违反工商登记管理规定的行为。因此,旅游主管部门基于旅行社业务经营许可管理职责、市场监督管理部门基于工商登记管理职责,均有相应的处罚权,都可以对此类行为作出处罚,但罚款应遵循《行政处罚法》"一事不再罚"的原则。

本条规定的行政措施是由旅游主管部门或者市场监督管理部门责令改正,与行政处罚并行适用,即在责令改正的同时予以行政处罚。责令改正,是指行政机关责令违法行为人停止和纠正违法行为,以恢复或维持法定应有的秩序或者状态,消除社会危害性。

本条同时规定了行政处罚。行政处罚是指行政机关依法对违反行政管理秩序的公民、法人或者其他组织,以减损权益或者增加义务的方式予以惩戒的行为。

第九十六条　【旅行社违反安排导游或领队有关规定的法律责任】旅行社违反本法规定，有下列行为之一的，由旅游主管部门责令改正，没收违法所得，并处五千元以上五万元以下罚款；情节严重的，责令停业整顿或者吊销旅行社业务经营许可证；对直接负责的主管人员和其他直接责任人员，处二千元以上二万元以下罚款：

（一）未按照规定为出境或者入境团队旅游安排领队或者导游全程陪同的；

（二）安排未取得导游证的人员提供导游服务或者安排不具备领队条件的人员提供领队服务的；

（三）未向临时聘用的导游支付导游服务费用的；

（四）要求导游垫付或者向导游收取费用的。

第九十七条　【旅行社违反有关经营规范的法律责任】旅行社违反本法规定，有下列行为之一的，由旅游主管部门或者有关部门责令改正，没收违法所得，并处五千元以上五万元以下罚款；违法所得五万元以上的，并处违法所得一倍以上五倍以下罚款；情节严重的，责令停业整顿或者吊销旅行社业务经营许可证；对直接负责的主管人员和其他直接责任人员，处二千元以上二万元以下罚款：

（一）进行虚假宣传，误导旅游者的；

（二）向不合格的供应商订购产品和服务的；

（三）未按照规定投保旅行社责任保险的。

条文注释

本条是关于旅行社违反本法第 32 条虚假宣传和误导旅游者、第 34 条向不合格供应商订购产品和服务、第 56 条未按照规定投保旅行社责任保险的法律责任的规定。

本条规定的执法主体为“旅游主管部门或者有关部门”，对此应作如下理解：一是《旅行社条例》第 53 条第 1 款“违反本条例的规定，旅行社向旅游者提供的旅游服务信息含有虚假内容或者作虚假宣传的，由工商行政管理部门依法给予处罚”的规定，可以理解为对本条的具体规定。除吊销旅行社业务经营许可证的处罚应由旅游主管部门作出外，市场监督管理部门应该依照本条规定对“虚假宣传，误导旅游者”的违法行为进行处罚。二是根据《旅行社条例》及其实施细则对旅行社投保责任保险、向合格供应商订购商品和服务的规定，旅游主管部门对旅行社的这两种违法行为具有执法权。

本条规定的违法行为包括以下三种：

(1)进行虚假宣传，误导旅游者

旅行社虚假宣传的阶段主要是在包价旅游合同等的订立前，目的是促成旅游者与其交易。旅行社从业人员在旅游行程中通过虚假宣传、误导旅游者进行再次消费的行为，也包括在内。关于虚假宣传、误导旅游者的判断标准，一是只要旅行社编造事实，虚假宣传，或者虽没有编造事实，但隐瞒重要事实，使用含糊的语言，达到了引人误解的程度，均构成违法行为。二是依法律、立法本意及通常理解理解困难时，应以旅游者的一般理解为标准，而不是以旅行社的理解为标准。《民法典》第 498 条也有类似规定，即“对格式条款的理解发生争议的，应当按照通常理解予以解释。对格式条款有两种以上解释的，应当作出不利于提供格式条款一方的解释。格式条款和非格式条款不一致的，应当采用非格式条款”。如实践中，旅行社在包价旅游合同中列明许多景点，但实际上有些景点只是路过，因未提前向旅游者明确告知，造成旅游者误以为是游览项目。

(2)向不合格的供应商订购产品和服务

本法第 34 条规定，“旅行社组织旅游活动应当向合格的供应商订购产品和服务”。因此，判断该违法行为的重点是供应商是否合格，具体参照第 34 条的解读。

(3)未按照规定投保旅行社责任保险

本法第 56 条规定：“国家根据旅游活动的风险程度，对旅行社、住宿、旅游交通以及本法第四十七条规定的高风险旅游项目等经营者实施责任保险制度。"《旅行社条例》第38条明确规定旅行社应当投保旅行社责任保险。原国家旅游局和原中国保险监督管理委员会联合制定的《旅行社责任保险管理办法》第4条和第18条对旅行社投保责任保险的范围、限额等作出规定。旅行社没有按照规定投保,包括没有投保、没有足额投保、投保范围不符合规定等情形。

关联法规

《民法典》第498条

《旅行社条例》第38、53条

《旅行社责任保险管理办法》第4、18条

第九十八条 【旅行社低价组团、诱骗消费的法律责任】旅行社违反本法第三十五条规定的,由旅游主管部门责令改正,没收违法所得,责令停业整顿,并处三万元以上三十万元以下罚款;违法所得三十万元以上的,并处违法所得一倍以上五倍以下罚款;情节严重的,吊销旅行社业务经营许可证;对直接负责的主管人员和其他直接责任人员,没收违法所得,处二千元以上二万以下罚款,并暂扣或者吊销导游证。

条文注释

本条是关于旅行社违反本法第35条"零负团费"经营及其相关经营手段禁止性规定,而应当承担的法律责任的规定。

本条规定的承担法律责任的主体,一是旅行社,既包括组团社,也包括地接社;二是直接负责的主管人员和其他直接责任人员,包括导游、领队。

本条规定的执法主体为旅游主管部门。

本条规定的违法行为包括:第一,旅行社以不合理的低价组织旅游活动,诱骗旅游者,并通过安排购物或者另行付费旅游项目获取回扣等不正当利益。第二,旅行社未经与旅游者协商一致或者旅游者要求,指定具体购物场所,或者安排另行付费旅游项目。第三,旅行社因安排部分旅游者购物或参加自费项目活动,而造成影响其他旅游者行程安排后果。

第九十九条　【旅行社违反报告义务的法律责任】旅行社未履行本法第五十五条规定的报告义务的,由旅游主管部门处五千元以上五万元以下罚款;情节严重的,责令停业整顿或者吊销旅行社业务经营许可证;对直接负责的主管人员和其他直接责任人员,处二千元以上二万元以下罚款,并暂扣或者吊销导游证。

条文注释

本条是关于旅行社未履行本法第55条规定的报告义务所应承担的法律责任的规定。

本条规定的违法行为是,旅行社发现旅游者从事违法活动,出境旅游者在境外非法滞留,入境旅游者在境内非法滞留,随团出境的旅游者擅自分团、脱团,或者随团入境的旅游者擅自分团、脱团时,未及时向公安机关、旅游主管部门或者我国驻外机构报告。

本条所指"发现",应作知道或者应当知道理解,即有直接证据证明,或者按照一般人的普遍认知能力可以推断出,旅游经营者知道旅游者有这些行为。比如,旅游者在境外从事违法活动时,被旅游目的地国家施以处罚,且该行为也违反我国法律时,即属于知道;由于旅行社领队疏忽大意,旅游者脱团了一天,旅行社领队仍以自己不知为由未履行报告义务,此情形即属于应当知道。

本条所指"及时",即一旦发现立即报告。下位法可以作出明确规定。未作规定时则应当具体情况具体判断。比如,旅游者十几分钟未归队,即认为分团、脱团或者非法滞留不妥。但如果数小时或一天未归队,即使旅游者只是迷路而不是非法滞留,也应当报告。

第一百条 【旅行社有关违约行为的法律责任】旅行社违反本法规定,有下列行为之一的,由旅游主管部门责令改正,处三万元以上三十万元以下罚款,并责令停业整顿;造成旅游者滞留等严重后果的,吊销旅行社业务经营许可证;对直接负责的主管人员和其他直接责任人员,处二千元以上二万元以下罚款,并暂扣或者吊销导游证:

(一)在旅游行程中擅自变更旅游行程安排,严重损害旅游者权益的;

(二)拒绝履行合同的;

(三)未征得旅游者书面同意,委托其他旅行社履行包价旅游合同的。

条文注释

本条是关于旅行社及其从业人员违反本法第35条、第41条、第63条、第69条、第70条擅自变更旅游行程安排、拒绝履行合同、擅自委托其他旅行社履行包价旅游合同的禁止性规定所应承担的法律责任的规定。

本条规定的违法行为包括以下三种:

(1)在旅游行程中擅自变更旅游行程安排,严重损害旅游者权益

本法第69条第1款规定,"旅行社应当按照包价旅游合同的约定履行义务,不得擅自变更旅游行程安排"。第41条第2款中规定,"导游和领队应当严格执行旅游行程安排,不得擅自变更旅游行程"。因此,旅行社为合同债务人,其应当按照包价旅游合同的约定履行义务。判断该违法行为需注意以下几点:一是变更旅游行程安排,主要指更改合同事先约定的旅游项目安排,情形主要包括增加旅游购物活动和另行付费旅游项目,减少游览活动或者缩短游览时间等。二是擅自,主要指超越权限自作主张。在法律、法规允许范围内或者经双方协商一致变更的,不算擅自。三是这种情形发生在

旅游行程中,而不是行程尚未开始时。四是严重损害了旅游者合法权益。这需要具体行为具体判断。比如,行程中改变了多个项目,多次安排购物等,对旅游者合法权益造成严重损害,引起了旅游者的不满等。

(2)拒绝履行合同

本法第41条第2款中规定,“导游和领队应当严格执行旅游行程安排,不得擅自变更旅游行程或者中止服务活动”。第70条第1款规定:“旅行社不履行包价旅游合同义务或者履行合同义务不符合约定的,应当依法承担继续履行、采取补救措施或者赔偿损失等违约责任;……旅行社具备履行条件,经旅游者要求仍拒绝履行合同,造成旅游者人身损害、滞留等严重后果的,旅游者还可以要求旅行社支付旅游费用一倍以上三倍以下的赔偿金。”因此,旅行社客观上具备履行条件,可以正常履行合同,但因旅游者没有购物、参加另行付费项目等多种原因,主观上恶意或者客观上拒绝履行合同的行为,是一种严重的违约行为,本法不但规定了严格的民事责任,本条还要求其承担行政法律责任。拒绝履行合同的情形主要包括“甩团”等弃置旅游者,不让旅游者入住酒店、上下旅游车船、登机等中止服务活动,以及限制旅游者活动等行为。

(3)未征得旅游者书面同意,委托其他旅行社履行包价旅游合同

本法第63条第2款中规定,“因未达到约定人数不能出团的,组团社经征得旅游者书面同意,可以委托其他旅行社履行合同”。由此可见,未事先征得旅游者书面同意,旅行社不得委托其他旅行社履行包价旅游合同,即不得擅自“转团”。

第一百零一条 【旅行社安排违法或者违反社会公德的活动的法律责任】旅行社违反本法规定,安排旅游者参观或者参与违反我国法律、法规和社会公德的项目或者活动的,由旅游主管部门责令改正,没收违法所得,责令停业整顿,并处二万元以上二十万元以下罚款;情节严重的,吊销旅行社

业务经营许可证；对直接负责的主管人员和其他直接责任人员，处二千元以上二万元以下罚款，并暂扣或者吊销导游证。

条文注释

本条是关于旅行社及其从业人员违反本法第33条关于安排非法旅游项目或者活动的禁止性规定所应承担的法律责任的规定。

本条规定的违法行为包括两种：一是安排旅游者参观或者参与违反我国法律、法规的项目或者活动；二是安排旅游者参观或者参与违反我国社会公德的项目或者活动。判断该违法行为时应注意，如果旅游者自行参与相关旅游活动，旅行社和相关人员并不知情，则不属于本条规定的违法行为；知情则应劝阻并向有关部门报告。

第一百零二条　【违反导游和领队从业规定的法律责任】违反本法规定，未取得导游证或者不具备领队条件而从事导游、领队活动的，由旅游主管部门责令改正，没收违法所得，并处一千元以上一万元以下罚款，予以公告。

导游、领队违反本法规定，私自承揽业务的，由旅游主管部门责令改正，没收违法所得，处一千元以上一万元以下罚款，并暂扣或者吊销导游证。

导游、领队违反本法规定，向旅游者索取小费的，由旅游主管部门责令退还，处一千元以上一万元以下罚款；情节严重的，并暂扣或者吊销导游证。

条文注释

本条是关于违反本法第37条、第39条无证从事导游、领队活动，以及导游、领队违反本法第40条和第41条私自承揽业务、向旅游者索取小费的禁止性规定所应承担的法律责任的规定。

本条规定的违法行为包括以下三种：

(1)未取得导游证或者不具备领队条件而从事导游、领队活动

本法第37条确立了导游执业许可制度，第39条明确了从事领

队业务资格要求。《导游人员管理条例》第4条第1款规定:“在中华人民共和国境内从事导游活动,必须取得导游证。”由此可见,从事导游活动应当取得导游证,从事领队活动应当具备领队条件,未取得相关证件或不具备相关条件从事导游、领队活动的即属于违法行为,应当承担法律责任。

(2)导游、领队私自承揽业务

本法第40条规定:“导游和领队为旅游者提供服务必须接受旅行社委派,不得私自承揽导游和领队业务。”因此,没有经过旅行社委派带团的,即属违法。旅行社在委派导游或领队带团时,会开具正式的带团任务单,任务单上会标明团号、行程等内容。一方面可以规范和约束导游、领队的带团行为,另一方面为执法部门的监督检查提供了依据。因此,可以通过确认导游或领队是否持有旅行社开具的正式带团任务单等方式来判断其行为是否属于“私自承揽”。

(3)导游、领队向旅游者索取小费

本法第41条第2款规定导游和领队不得向旅游者索取小费。认定该违法行为的关键点有两个:一是索取;二是小费。

关联法规

《导游人员管理条例》第4条

第一百零三条 【从业禁止】违反本法规定被吊销导游证的导游、领队和受到吊销旅行社业务经营许可证处罚的旅行社的有关管理人员,自处罚之日起未逾三年的,不得重新申请导游证或者从事旅行社业务。

条文注释

本条是关于被吊销导游证的导游、领队和受到吊销旅行社业务经营许可证处罚的旅行社的有关管理人员从业禁止的规定。

本条规定的从业禁止的情形包括两种:一是违反本法规定被吊销导游证的导游和领队;二是违反本法规定被吊销旅行社业务经营许可证的旅行社的有关管理人员。本法多条规定对直接负责的主管人员和其他直接责任人员的法律责任作出规定。因此，本条所指旅行社的有关管理人员是负有直接责任的旅行社法定代表人和主管人员。

本条规定的从业禁止的范围包括：一是被吊销导游证的人员自处罚之日起3年内不得重新申请导游证；二是被吊销旅行社业务经营许可证的旅行社有关管理人员自处罚之日起3年内不得投资设立旅行社，也不得在旅行社从事经营管理工作和招徕、组织、接待旅游者的业务工作。

第一百零四条 【行贿和受贿的法律责任】旅游经营者违反本法规定，给予或者收受贿赂的，由市场监督管理部门依照有关法律、法规的规定处罚；情节严重的，并由旅游主管部门吊销旅行社业务经营许可证。

条文注释

本条是关于旅游经营者违反本法第51条禁止给予或者收受贿赂的规定的法律责任的规定。

本条规定的违法行为主体为旅游经营者，既包括给予贿赂的经营者，也包括收受贿赂的经营者。这是由于无论是给予贿赂还是收受贿赂，均属于不正当竞争行为，均破坏了旅游业的公平竞争秩序。

本条规定的执法主体是市场监督管理部门和旅游主管部门。旅游主管部门的执法职权仅为吊销旅行社业务经营许可证。需要注意的是，此类案件一般应当首先由市场监督主管部门进行查处，市场监督主管部门认为旅行社的违法行为情节严重时，应当同时将案件转旅游主管部门办理。旅游主管部门应当对材料进行审查，必要时进行调查，并根据审查、调查结果作出处理决定。

第一百零五条 【景区的法律责任一】景区不符合本法规定的开放条件而接待旅游者的，由景区主管部门责令停业整顿直至符合开放条件，并处二万元以上二十万元以下罚款。

景区在旅游者数量可能达到最大承载量时，未依照本法规定公告或者未向当地人民政府报告，未及时采取疏导、分流等措施，或者超过最大承载量接待旅游者的，由景区主管部门责令改正，情节严重的，责令停业整顿一个月至六个月。

条文注释

本条是关于景区不具备本法第42条规定的开放条件接待旅游者，以及违反本法第45条规定的景区流量控制制度所应承担的法律责任的规定。

本条规定的景区违法行为包括四种：一是不符合本法第42条规定的开放条件接待旅游者；二是在旅游者数量可能达到最大承载量时，未依照本法第45条的规定提前公告并同时向当地人民政府报告；三是在旅游者数量可能达到最大承载量时，未依照本法第45条的规定及时采取疏导、分流等措施；四是超过最大承载量接待旅游者。

第一百零六条　【景区的法律责任二】景区违反本法规定，擅自提高门票或者另行收费项目的价格，或者有其他价格违法行为的，由有关主管部门依照有关法律、法规的规定处罚。

条文注释

本条是关于景区违反本法第43条、第44条规定擅自提高门票或者另行收费项目价格等价格违法行为的法律责任的规定。

本条规定的违法行为主要包括：一是擅自提高门票或者另行收费项目的价格。根据本法第43条和第44条的规定，利用公共资源建设的景区不得通过增加游览场所、交通工具等另行收费项目等方式变相涨价；拟收费或者提高价格的，应当举行听证会；景区提高门票价格应当提前6个月公布。二是其他价格违法行为。包括景区不执行政府指导价、政府定价，或者不在醒目位置公示门票价格、另行收费项目的价格以及其他价格违法行为。

第一百零七条 【旅游经营者违反有关安全管理和消防安全管理规定的法律责任】旅游经营者违反有关安全生产管理和消防安全管理的法律、法规或者国家标准、行业标准的，由有关主管部门依照有关法律、法规的规定处罚。

条文注释

本条是关于旅游经营者违反有关安全生产管理和消防安全管理的法律、法规或者国家标准、行业标准的法律责任的规定。

本条涉及的违法行为广泛，如与本法第79条有关的包括：未依法履行安全生产管理职责，未对安全设备进行经常性维护、保养和定期检测，未制定特种设备事故应急专项预案，未对从业人员进行安全生产教育和培训等；与本法第80条有关的包括：未在有较大危险因素的生产经营场所和有关设施、设备上设置明显的安全警示标志，未将电梯、客运索道、大型游乐设施的安全注意事项和警示标志置于易为乘客注意的显著位置等；与本法第81条有关的包括：突发事件发生后，不及时组织开展应急救援工作，造成严重后果，以及迟报、谎报或者漏报事故等。

第一百零八条 【信用档案及公示】对违反本法规定的旅游经营者及其从业人员，旅游主管部门和有关部门应当记入信用档案，向社会公布。

条文注释

本条是关于旅游经营者及其从业人员违法信息入档、公示制度的规定。

1. 违法信息记入信用档案制度

信用档案通常指企业和个人的基本情况、信用状况等相关资料的总和，集中体现出企业和个人在市场行为过程中的可信度、公信度，是证实其是否诚实守信、遵纪守法或有无违法违约、欺诈、拖欠及逃避债务等行为的重要凭证和依据，包括企业信用档案和个人信用档案。信用档案一般由政府职能部门或者专业化的、独立的第三方机构依法采集、客观记录。

旅游经营者及其从业人员的违法信息是信用档案的重要组成部分，因此，文化和旅游部及相关主管部门应当逐步完善行业征信机制，将旅游经营者及其从业人员的违法信息记入其信用档案。

2. 违法信息向社会公布制度

违法信息只有向社会公开，才能较好地起到警示、教育和威慑作用。根据本条和《政府信息公开条例》第 19 条的规定，文化和旅游部及有关部门应当主动向社会公开旅游经营者及其从业人员的违法信息。公开的渠道为政府公报、政府网站或者其他互联网政务媒体等。同时，结合本法第 89 条第 1 款关于旅游违法行为查处信息共享机制的规定，相关部门应当实现信用档案的信息共享，建立相应的数据库，便于检索和查询。

此外，还要注意两点：一是这些违法信息必须是经相关部门调查、取证、核实、确认的违法行为。二是涉及国家秘密、商业秘密及个人隐私的信息不可以公开。公开违法行为信息要平衡公共利益、违法行为人的利益与受保护的相对人利益，因此，在考虑公共利益和相对人利益的同时，要兼顾违法行为人的合法权益。《政府信息公开条例》第 14 条规定，"依法确定为国家秘密的政府信息，法律、行政法规禁止公开的政府信息，以及公开后可能危及国家安全、公共安全、经济安全、社会稳定的政府信息，不予公开"。第 15 条规定，"涉及商业秘密、个人隐私等公开会对第三方合法权益造成损害的政府信息，行政机关不得公开。但是，第三方同意公开或者行政机关认为不公开会对公共利益造成重大影响的，予以公开"。

关联法规

《政府信息公开条例》第 14、15、19 条

第一百零九条　【监管部门工作人员渎职的法律责任】旅游主管部门和有关部门的工作人员在履行监督管理职责中，滥用职权、玩忽职守、徇私舞弊，尚不构成犯罪的，依法给予处分。

条文注释

本条是关于旅游主管部门和有关部门工作人员有渎职行为所应承担的法律责任的规定。

本条规定的违法行为的主体是依照本法对旅游业履行行政监督管理职责的各政府职能部门的工作人员，包括旅游主管部门，市场监督管理部门，价格主管部门以及与景区有关的景区主管部门，与安全生产有关的产品质量监督、安全生产监督、交通等部门的工作人员。

本条对行政机关工作人员主要涉及的三种构成行政违法，但尚不构成犯罪的行为进行了规定。滥用职权主要指旅游主管部门和有关部门工作人员违反法律、法规规定或者超越法定权限行使职权的行为。滥用职权表现在两个方面：一是行使职权违反法律、法规规定。二是行使职权超越法律、法规规定。玩忽职守主要指旅游主管部门和有关部门工作人员不履行或者不正确履行法律、法规所规定的职责的行为。不履行职责即不作为，不尽职责或者擅离职守；不正确履行即对工作马马虎虎，漫不经心，不负责任。徇私舞弊主要指旅游主管部门和有关部门工作人员为了私情或者谋取私利，故意违反事实和法律、法规的规定，作枉法处理或者枉法决定的行为。

第一百一十条　【刑事责任】违反本法规定，构成犯罪的，依法追究刑事责任。

条文注释

本条是关于违反本法规定的犯罪行为的刑事法律责任的规定。

违反本法规定，构成犯罪，可能涉及的罪名有以下几种：

1. 非法经营罪

旅游经营者未取得相应许可从事经营活动，情节严重的，可能构成非法经营罪。非法经营罪是指自然人或单位，故意从事非法经营活动，扰乱市场秩序，情节严重的行为。根据《刑法》第225条的规定，情节严重的，处5年以下有期徒刑或者拘役，并处或者单处违法所得1倍以上5倍以下罚金；情节特别严重的，处5年以上有期徒刑，并处违法所得1倍以上5倍以下罚金或者没收财产。

2. 生产、销售伪劣商品罪

旅游经营者在产品中掺杂、掺假，以假充真，以次充好或者以不合格产品冒充合格产品，销售金额达5万元以上的行为，可能构成生产、销售伪劣商品罪。根据《刑法》第140条的规定，销售金额5万元以上不满20万元的，处2年以下有期徒刑或者拘役，并处或者单处销售金额50%以上2倍以下罚金；销售金额20万元以上不满50万元的，处2年以上7年以下有期徒刑，并处销售金额50%以上2倍以下罚金；销售金额50万元以上不满200万元的，处7年以上有期徒刑，并处销售金额50%以上2倍以下罚金；销售金额200万元以上的，处15年有期徒刑或者无期徒刑，并处销售金额50%以上2倍以下罚金或者没收财产。

3. 强迫交易罪

旅游经营者及其从业人员在经营活动中违反法律、法规和商业道德及公平自愿的原则，不顾旅游者是否同意，以暴力、威胁手段强买强卖商品、强迫旅游者接受其服务的行为，达到一定的严重程度，或者给他人造成了一定程度的危害后果的，可能构成强迫交易罪。根据《刑法》第226条的规定，情节严重的，处3年以下有期徒刑或者拘役，并处或者单处罚金；情节特别严重的，处3年以上7年以下有期徒刑，并处罚金。

4. 虚假广告罪

旅游经营者违反规定，利用广告对商品或者服务作虚假宣传，情节严重的，可能构成虚假广告罪。根据《刑法》第222条的规定，情节严重的，处2年以下有期徒刑或者拘役，并处或者单处罚金。

5. 诈骗罪

旅游经营者在经营过程中的欺诈行为严重的，有可能构成诈骗罪。根据《刑法》第266条的规定，诈骗公私财物，数额较大的，处3年以下有期徒刑、拘役或者管制，并处或者单处罚金；数额巨大或者有其他严重情节的，处3年以上10年以下有期徒刑，并处罚金；数额特别巨大或者有其他特别严重情节的，处10年以上有期徒刑或者无期徒刑，并处罚金或者没收财产。

6. 商业贿赂方面的犯罪

旅游从业人员利用职务上的便利，索取他人财物或者非法收受他人财物，为他人谋取利益，或者在经济往来中，利用职务上的便利，违反国家规定，收受各种名义的回扣、手续费，归个人所有的，可能构成非国家工作人员受贿罪。根据《刑法》第163条的规定，数额较大的，处5年以下有期徒刑或者拘役，并处罚金；数额巨大或者有其他严重情节的，处5年以上10年以下有期徒刑，并处罚金；数额特别巨大或者有其他特别严重情节的，处10年以上有期徒刑或者无期徒刑，并处罚金。旅游从业人员为谋取不正当利益，给予他人财物的，可能构成对非国家工作人员行贿罪。根据《刑法》第164条的规定，数额较大的，处3年以下有期徒刑或者拘役，并处罚金；数额巨大的，处3年以上10年以下有期徒刑，并处罚金。旅游经营者犯该罪的，对旅游经营者判处罚金，并对其直接负责的主管人员和其他直接责任人员，依照对旅游从业人员的规定处罚。

7. 安全生产方面的犯罪

(1)重大责任事故罪。旅游经营者在生产、经营、作业中违反有关安全管理的规定，发生重大伤亡事故或者造成其他严重后果的，可能构成重大责任事故罪。根据《刑法》第134条第1款的规定，处3年以下有期徒刑或者拘役；情节特别恶劣的，处3年以上7年以下有期徒刑。

(2)大型群众性活动重大安全事故罪。旅游经营者举办大型群众性活动违反安全管理规定，发生重大伤亡事故或者造成其他严重后果的，可能构成大型群众性活动重大安全事故罪。根据《刑法》第

135条之一的规定,对直接负责的主管人员和其他直接责任人员,处3年以下有期徒刑或者拘役;情节特别恶劣的,处3年以上7年以下有期徒刑。

(3)不报、谎报安全事故罪。旅游经营者在安全事故发生后,负有报告职责的人员不报或者谎报事故情况,贻误事故抢救,情节严重的,可能构成不报、谎报安全事故罪。根据《刑法》第139条之一的规定,情节严重的,处3年以下有期徒刑或者拘役;情节特别严重的,处3年以上7年以下有期徒刑。

(4)消防责任事故罪。违反消防管理法规,经消防监督机构通知采取改正措施而拒绝执行,造成严重后果的,可能构成消防责任事故罪。根据《刑法》第139条的规定,情节严重的,对直接责任人员,处3年以下有期徒刑或者拘役;后果特别严重的,处3年以上7年以下有期徒刑。

8. 滥用职权罪、玩忽职守罪

旅游主管部门和有关部门工作人员在履行监督管理职责过程中滥用职权、玩忽职守等,致使公共财产、国家和人民利益遭受重大损失的,可能构成相关犯罪。根据《刑法》第397条的规定,处3年以下有期徒刑或者拘役;情节特别严重的,处3年以上7年以下有期徒刑。徇私舞弊导致的,处5年以下有期徒刑或者拘役;情节特别严重的,处5年以上10年以下有期徒刑。

除以上几种犯罪行为外,其他违反本法规定的行为,构成犯罪的,也应当及时移送司法机关,追究其刑事责任。

关联法规

《刑法》

第十章 附 则

第一百一十一条 【用语含义】本法下列用语的含义：

（一）旅游经营者，是指旅行社、景区以及为旅游者提供交通、住宿、餐饮、购物、娱乐等服务的经营者。

（二）景区，是指为旅游者提供游览服务、有明确的管理界限的场所或者区域。

（三）包价旅游合同，是指旅行社预先安排行程，提供或者通过履行辅助人提供交通、住宿、餐饮、游览、导游或者领队等两项以上旅游服务，旅游者以总价支付旅游费用的合同。

（四）组团社，是指与旅游者订立包价旅游合同的旅行社。

（五）地接社，是指接受组团社委托，在目的地接待旅游者的旅行社。

（六）履行辅助人，是指与旅行社存在合同关系，协助其履行包价旅游合同义务，实际提供相关服务的法人或者自然人。

条文注释

本条是关于旅游经营者、景区、包价旅游合同、组团社、地接社和履行辅助人含义的规定。

1. 旅游经营者

根据本条对旅游经营者的规定，对旅游经营者的理解主要有以下几点：一是从旅游经营者的主体类型看，旅游经营者包括自然人（公民）、法人或者其他组织，而不只是经工商注册登记的公司。但法律、法规对相关经营者有资质要求的，则应取得工商登记或相应的特别许可。二是从旅游经营者的经营范围看，主要是为旅游者提供旅游产品或者服务。旅行社的经营范围主要是招徕旅游者，并为其提供产品打包及组织、接待、导游等服务；景区、交通、住宿、餐饮、购物、娱乐等经营者的经营范围主要是为旅游者提吃、住、行、游、购、娱等服务。三是从旅游经营者的存在形态看，既包括实体旅游经营者，也包括网络旅游经营者。四是从旅游经营者是否以营利为目的看，既包括营利性的，也包括非营利性的。

2. 景区

根据本条对景区的规定，对景区的理解主要有以下几点：一是景区是场所或者区域，主要包括水域和地域。即使有的景区与空域有关，但其首先得依托水域和地域。场所所占地域范围相对较小，而区域所占地域范围相对较大。主要包括风景区、文博院馆、寺庙观堂、旅游度假区、自然保护区、主题公园、森林公园、地质公园、游乐园、动物园、植物园及工业、农业、经贸、科教、军事、体育、文化艺术等各类旅游区（点）。二是景区是为旅游者提供游览服务的场所或者区域。游览在狭义上仅指观光、参观、欣赏。本条所指游览服务还包括具有参与性、互动性、体验性的广义上的游览活动，如主题公园、滑雪场、度假区等提供的服务。景区内可能有交通、住宿、餐饮等旅游要素，但其主要功能是供旅游者游览游乐。三是景区是有明确管理界限的场所或者区域。主要指景区有相对比较明确、清晰、封闭或者独立的管理、经营边界和范围，有相对明确的管理和经营主体。没有明确管理界限、向所有人全域开放、不受限制自由出入的场所通常不属于本法所称景区。如一些公共森林、绿地、山峦、海滩、河流、湖泊等。

但同时应注意两点：一是判断景区不应以是否收取门票、费用为标准。如目前一些文博院馆虽然没有收费，一些城市公园虽然没有收取门票，但由于界限比较分明、管理主体比较清晰，也应属于景区。二是判断景区不以管理者、经营者是政府、事业单位还是企业为标准。如风景名胜区、自然保护区、文物保护单位等一些区域的管理主体虽然可能为政府，但其也应属于本法所称景区。

3. 包价旅游合同

根据本条对包价旅游合同含义的规定，包价旅游合同具有以下三个特征：

一是合同内容中的旅游行程及相关服务是由旅行社预先安排的。不论是旅行社自主设计还是根据旅游者具体要求安排的线路和日程，都需要旅行社预先确定行程和吃住安排，并通过向交通、食宿、游览等经营者订购相关服务，使旅游行程及完成行程所必需的相关服务共同组成一个完整的旅行社服务。

二是提供两项或两项以上的服务。交通、住宿、餐饮、游览、导游或者领队服务中任意两项或以上服务的组合，是包价旅游合同提供服务的构成要件，不论其中的服务是由旅行社直接提供，还是旅行社向相关经营者订购后间接提供。

三是合同价款以总价支付。包价旅游合同的价款，既包括旅行社向交通、住宿、餐饮、游览经营者订购服务的成本，也包括旅行社自身的经营成本，如运营费用、人员工资等，还包括其合理利润。由于旅行社向其他经营者的采购批量大、能获得一定的折扣，加上其经营成本和利润，旅游者以总价支付购买一个完整的服务产品较旅游者个人逐一支出的总额要低，这也是旅行社的市场优势所在。

需要强调的是，旅行社业内通常所称“机票 + 酒店”产品，只要是旅行社事先确定并购买相关服务，旅游者无权变更且以总价支付价款的，都是包价旅游的性质，应对提供的服务承担相应的包价旅游合同责任。

4. 组团社

与旅游者订立包价旅游合同的旅行社即为组团社。在合同关系中，能够履行合同义务，承担合同责任的，才能作为合同主体。在包价旅游合同中，组团社销售的是其生产的服务产品，不论其中的各项服务是否为其自己直接提供。这一特征决定了组团社必须要对其服务承担服务产品生产者的责任，履行合同义务，承担合同责任。

5. 地接社

根据本条规定,地接社应当符合以下三个要求:

一是接受组团社委托。旅游活动跨地区以至跨国界的特点,使组团社难以在其包价旅游产品所涉及的各个旅游目的地,都设立分支机构来接待旅游者,这就需要通过将接待服务委托给目的地旅行社来实现,这是合理的市场分工的体现。组团社的委托是地接社得以以组团社的名义提供相关服务的前提。

在组团社与地接社的组织、接待关系中,不少情况下是地接社就当地的行程安排、吃住行等服务经营者的选择等接待服务事项,向组团社提出建议,最终由后者决定,甚至也有地接社已经完成目的地线路设计和相关服务订购等事项,向组团社列明并提出接待服务整体报价的情形。但这并不能就此认为地接社承担了组团社的事务:其一,组团社对地接社的线路、选择的服务提供者有审查义务,毕竟组团社要承担产品责任;其二,组团社对地接社的建议或已形成的地接服务项目,有调整、否决的权利,接待业务是组团社委托地接社,而非相反。

二是提供在目的地的接待服务。地接社的服务是在目的地对旅游者的接待,其具体内容应根据组团社委托的事项确定。

三是必须为旅行社,即取得旅行社经营业务许可的企业法人。

6. 履行辅助人

包价旅游服务是交通、住宿、餐饮和游览等具体服务项目的综合。在实践中,基于旅游目的地的分散、市场化分工发展及经营成本控制等诸多因素,旅行社通常没有能力直接履行包价旅游合同中的全部义务,多数情况下,要通过预先订购相关服务再由相关经营者向旅游者实际提供服务的方式,完成合同义务。这些服务项目的经营者即为履行辅助人,他们可以是法人,也可以是自然人。

依照本条规定,履行辅助人应与旅行社存在合同关系,该合同的服务内容应与包价旅游合同中相关服务的内容一致,同时,如果履行辅助人违约,这一合同也是旅行社赔偿旅游者后向履行辅助人追偿的依据。按照上述含义和特征,在行程中,旅游者与一些经营者直接形成合同关系的，后者不是履行辅助人。

第一百一十二条　【施行日期】本法自2013年10月1日起施行。

条文注释

本条是关于本法施行日期的规定。

法律一经通过并公布，就产生了法律的效力问题。法律的效力包括时间效力、空间效力和对人的效力。法律的时间效力，是指法律从何时生效和从何时终止，以及对其生效以前所发生的行为有无溯及力，即是否适用。法律的空间效力，是指法律在哪些地域有效力，适用于哪些地区。本法第2条对本法地域效力的范围作了规定。本条是关于本法时间效力的规定。

根据《立法法》的规定，法律由全国人民代表大会和全国人民代表大会常务委员会制定，由国家主席签署主席令予以公布，法律应当明确规定施行日期。本法由第十二届全国人民代表大会常务委员会第二次会议于2013年4月25日通过，国家主席习近平签署第三号令予以公布，自2013年10月1日起施行。本法规定施行日期，既是《立法法》的要求，也是本法得到有效实施所必需的要求。本法从公布至施行间隔近半年时间，其原因主要是留出学习宣传和配套制度的立、改、废时间，为本法的顺利实施做好充分的准备，创造良好的条件。

《立法法》第104条规定："法律、行政法规、地方性法规、自治条例和单行条例、规章不溯及既往，但为了更好地保护公民、法人和其他组织的权利和利益而作的特别规定除外。"由此可见，我国对法律的溯及力，主要采取从旧兼从轻的原则，在特殊情况下可溯及既往。本法没有对溯及力作出规定，因此，本法也只对其生效后的行为有约束力；对其生效前各主体的行为，应当适用事实发生时的法律、法规的规定。

关联法规

《立法法》第104条

附　录

一、相关法律法规

中华人民共和国出境入境管理法

（2012 年 6 月 30 日第十一届全国人民代表大会常务委员会第二十七次会议通过　2012 年 6 月 30 日中华人民共和国主席令第 57 号公布　自 2013 年 7 月 1 日起施行）

第一章　总　　则

第一条　为了规范出境入境管理，维护中华人民共和国的主权、安全和社会秩序，促进对外交往和对外开放，制定本法。

第二条　中国公民出境入境、外国人入境出境、外国人在中国境内停留居留的管理，以及交通运输工具出境入境的边防检查，适用本法。

第三条　国家保护中国公民出境入境合法权益。

在中国境内的外国人的合法权益受法律保护。在中国境内的外国人应当遵守中国法律，不得危害中国国家安全、损害社会公共利益、破坏社会公共秩序。

第四条　公安部、外交部按照各自职责负责有关出境入境事务的管理。

中华人民共和国驻外使馆、领馆或者外交部委托的其他驻外机构（以下称驻外签证机关）负责在境外签发外国人入境签证。出入境边防检查机关负责实施出境入境边防检查。县级以上地方人民政府公安机关及其出入境管理机构负责外国人停留居留管理。

公安部、外交部可以在各自职责范围内委托县级以上地方人民政府公安机关出入境管理机构、县级以上地方人民政府外事部门受理外国人入境、停留居留申请。

公安部、外交部在出境入境事务管理中,应当加强沟通配合,并与国务院有关部门密切合作,按照各自职责分工,依法行使职权,承担责任。

第五条 国家建立统一的出境入境管理信息平台,实现有关管理部门信息共享。

第六条 国家在对外开放的口岸设立出入境边防检查机关。

中国公民、外国人以及交通运输工具应当从对外开放的口岸出境入境,特殊情况下,可以从国务院或者国务院授权的部门批准的地点出境入境。出境入境人员和交通运输工具应当接受出境入境边防检查。

出入境边防检查机关负责对口岸限定区域实施管理。根据维护国家安全和出境入境管理秩序的需要,出入境边防检查机关可以对出境入境人员携带的物品实施边防检查。必要时,出入境边防检查机关可以对出境入境交通运输工具载运的货物实施边防检查,但是应当通知海关。

第七条 经国务院批准,公安部、外交部根据出境入境管理的需要,可以对留存出境入境人员的指纹等人体生物识别信息作出规定。

外国政府对中国公民签发签证、出境入境管理有特别规定的,中国政府可以根据情况采取相应的对等措施。

第八条 履行出境入境管理职责的部门和机构应当切实采取措施,不断提升服务和管理水平,公正执法,便民高效,维护安全、便捷的出境入境秩序。

第二章 中国公民出境入境

第九条 中国公民出境入境,应当依法申请办理护照或者其他旅行证件。

中国公民前往其他国家或者地区,还需要取得前往国签证或者其他入境许可证明。但是,中国政府与其他国家政府签订互免签证协议或者公安部、外交部另有规定的除外。

中国公民以海员身份出境入境和在国外船舶上从事工作的,应当依法申请办理海员证。

第十条 中国公民往来内地与香港特别行政区、澳门特别行政区,中国公民往来大陆与台湾地区,应当依法申请办理通行证件,并遵守本法有关规定。具体管理办法由国务院规定。

第十一条 中国公民出境入境,应当向出入境边防检查机关交验本人的护照或者其他旅行证件等出境入境证件,履行规定的手续,经查验准许,方可出境入境。

具备条件的口岸,出入境边防检查机关应当为中国公民出境入境提供专用通道等便利措施。

第十二条 中国公民有下列情形之一的,不准出境:

(一)未持有效出境入境证件或者拒绝、逃避接受边防检查的;

(二)被判处刑罚尚未执行完毕或者属于刑事案件被告人、犯罪嫌疑人的;

(三)有未了结的民事案件,人民法院决定不准出境的;

(四)因妨害国(边)境管理受到刑事处罚或者因非法出境、非法居留、非法就业被其他国家或者地区遣返,未满不准出境规定年限的;

(五)可能危害国家安全和利益,国务院有关主管部门决定不准出境的;

(六)法律、行政法规规定不准出境的其他情形。

第十三条 定居国外的中国公民要求回国定居的,应当在入境前向中华人民共和国驻外使馆、领馆或者外交部委托的其他驻外机构提出申请,也可以由本人或者经由国内亲属向拟定居地的县级以上地方人民政府侨务部门提出申请。

第十四条 定居国外的中国公民在中国境内办理金融、教育、医疗、交通、电信、社会保险、财产登记等事务需要提供身份证明的,可以凭本人的护照证明其身份。

第三章 外国人入境出境

第一节 签 证

第十五条 外国人入境，应当向驻外签证机关申请办理签证，但是本法另有规定的除外。

第十六条 签证分为外交签证、礼遇签证、公务签证、普通签证。

对因外交、公务事由入境的外国人，签发外交、公务签证；对因身份特殊需要给予礼遇的外国人，签发礼遇签证。外交签证、礼遇签证、公务签证的签发范围和签发办法由外交部规定。

对因工作、学习、探亲、旅游、商务活动、人才引进等非外交、公务事由入境的外国人，签发相应类别的普通签证。普通签证的类别和签发办法由国务院规定。

第十七条 签证的登记项目包括：签证种类，持有人姓名、性别、出生日期、入境次数、入境有效期、停留期限，签发日期、地点，护照或者其他国际旅行证件号码等。

第十八条 外国人申请办理签证，应当向驻外签证机关提交本人的护照或者其他国际旅行证件，以及申请事由的相关材料，按照驻外签证机关的要求办理相关手续、接受面谈。

第十九条 外国人申请办理签证需要提供中国境内的单位或者个人出具的邀请函件的，申请人应当按照驻外签证机关的要求提供。出具邀请函件的单位或者个人应当对邀请内容的真实性负责。

第二十条 出于人道原因需要紧急入境，应邀入境从事紧急商务、工程抢修或者具有其他紧急入境需要并持有有关主管部门同意在口岸申办签证的证明材料的外国人，可以在国务院批准办理口岸签证业务的口岸，向公安部委托的口岸签证机关（以下简称口岸签证机关）申请办理口岸签证。

旅行社按照国家有关规定组织入境旅游的，可以向口岸签证机关申请办理团体旅游签证。

外国人向口岸签证机关申请办理签证，应当提交本人的护照或者其他国际旅行证件，以及申请事由的相关材料，按照口岸签证机关的要求办理相关手续，并从申请签证的口岸入境。

口岸签证机关签发的签证一次入境有效，签证注明的停留期限不得超过三十日。

第二十一条 外国人有下列情形之一的，不予签发签证：

（一）被处驱逐出境或者被决定遣送出境，未满不准入境规定年限的；

（二）患有严重精神障碍、传染性肺结核病或者有可能对公共卫生造成重大危害的其他传染病的；

（三）可能危害中国国家安全和利益、破坏社会公共秩序或者从事其他违法犯罪活动的；

（四）在申请签证过程中弄虚作假或者不能保障在中国境内期间所需费用的；

（五）不能提交签证机关要求提交的相关材料的；

（六）签证机关认为不宜签发签证的其他情形。

对不予签发签证的，签证机关可以不说明理由。

第二十二条 外国人有下列情形之一的，可以免办签证：

（一）根据中国政府与其他国家政府签订的互免签证协议，属于免办签证人员的；

（二）持有效的外国人居留证件的；

（三）持联程客票搭乘国际航行的航空器、船舶、列车从中国过境前往第三国或者地区，在中国境内停留不超过二十四小时且不离开口岸，或者在国务院批准的特定区域内停留不超过规定时限的；

（四）国务院规定的可以免办签证的其他情形。

第二十三条 有下列情形之一的外国人需要临时入境的，应当向出入境边防检查机关申请办理临时入境手续：

（一）外国船员及其随行家属登陆港口所在城市的；

（二）本法第二十二条第三项规定的人员需要离开口岸的；

（三）因不可抗力或者其他紧急原因需要临时入境的。

临时入境的期限不得超过十五日。

对申请办理临时入境手续的外国人,出入境边防检查机关可以要求外国人本人、载运其入境的交通运输工具的负责人或者交通运输工具出境入境业务代理单位提供必要的保证措施。

第二节 入 境 出 境

第二十四条 外国人入境,应当向出入境边防检查机关交验本人的护照或者其他国际旅行证件、签证或者其他入境许可证明,履行规定的手续,经查验准许,方可入境。

第二十五条 外国人有下列情形之一的,不准入境:

(一)未持有效出境入境证件或者拒绝、逃避接受边防检查的;

(二)具有本法第二十一条第一款第一项至第四项规定情形的;

(三)入境后可能从事与签证种类不符的活动的;

(四)法律、行政法规规定不准入境的其他情形。

对不准入境的,出入境边防检查机关可以不说明理由。

第二十六条 对未被准许入境的外国人,出入境边防检查机关应当责令其返回;对拒不返回的,强制其返回。外国人等待返回期间,不得离开限定的区域。

第二十七条 外国人出境,应当向出入境边防检查机关交验本人的护照或者其他国际旅行证件等出境入境证件,履行规定的手续,经查验准许,方可出境。

第二十八条 外国人有下列情形之一的,不准出境:

(一)被判处刑罚尚未执行完毕或者属于刑事案件被告人、犯罪嫌疑人的,但是按照中国与外国签订的有关协议,移管被判刑人的除外;

(二)有未了结的民事案件,人民法院决定不准出境的;

(三)拖欠劳动者的劳动报酬,经国务院有关部门或者省、自治区、直辖市人民政府决定不准出境的;

(四)法律、行政法规规定不准出境的其他情形。

第四章　外国人停留居留

第一节　停留居留

第二十九条　外国人所持签证注明的停留期限不超过一百八十日的，持证人凭签证并按照签证注明的停留期限在中国境内停留。

需要延长签证停留期限的，应当在签证注明的停留期限届满七日前向停留地县级以上地方人民政府公安机关出入境管理机构申请，按照要求提交申请事由的相关材料。经审查，延期理由合理、充分的，准予延长停留期限；不予延长停留期限的，应当按期离境。

延长签证停留期限，累计不得超过签证原注明的停留期限。

第三十条　外国人所持签证注明入境后需要办理居留证件的，应当自入境之日起三十日内，向拟居留地县级以上地方人民政府公安机关出入境管理机构申请办理外国人居留证件。

申请办理外国人居留证件，应当提交本人的护照或者其他国际旅行证件，以及申请事由的相关材料，并留存指纹等人体生物识别信息。公安机关出入境管理机构应当自收到申请材料之日起十五日内进行审查并作出审查决定，根据居留事由签发相应类别和期限的外国人居留证件。

外国人工作类居留证件的有效期最短为九十日，最长为五年；非工作类居留证件的有效期最短为一百八十日，最长为五年。

第三十一条　外国人有下列情形之一的，不予签发外国人居留证件：

（一）所持签证类别属于不应办理外国人居留证件的；

（二）在申请过程中弄虚作假的；

（三）不能按照规定提供相关证明材料的；

（四）违反中国有关法律、行政法规，不适合在中国境内居留的；

（五）签发机关认为不宜签发外国人居留证件的其他情形。

符合国家规定的专门人才、投资者或者出于人道等原因确需由停留变更为居留的外国人，经设区的市级以上地方人民政府公安机关出入境管理机构批准可以办理外国人居留证件。

第三十二条 在中国境内居留的外国人申请延长居留期限的,应当在居留证件有效期限届满三十日前向居留地县级以上地方人民政府公安机关出入境管理机构提出申请,按照要求提交申请事由的相关材料。经审查,延期理由合理、充分的,准予延长居留期限;不予延长居留期限的,应当按期离境。

第三十三条 外国人居留证件的登记项目包括:持有人姓名、性别、出生日期、居留事由、居留期限,签发日期、地点,护照或者其他国际旅行证件号码等。

外国人居留证件登记事项发生变更的,持证件人应当自登记事项发生变更之日起十日内向居留地县级以上地方人民政府公安机关出入境管理机构申请办理变更。

第三十四条 免办签证入境的外国人需要超过免签期限在中国境内停留的,外国船员及其随行家属在中国境内停留需要离开港口所在城市,或者具有需要办理外国人停留证件其他情形的,应当按照规定办理外国人停留证件。

外国人停留证件的有效期最长为一百八十日。

第三十五条 外国人入境后,所持的普通签证、停留居留证件损毁、遗失、被盗抢或者有符合国家规定的事由需要换发、补发的,应当按照规定向停留居留地县级以上地方人民政府公安机关出入境管理机构提出申请。

第三十六条 公安机关出入境管理机构作出的不予办理普通签证延期、换发、补发,不予办理外国人停留居留证件、不予延长居留期限的决定为最终决定。

第三十七条 外国人在中国境内停留居留,不得从事与停留居留事由不相符的活动,并应当在规定的停留居留期限届满前离境。

第三十八条 年满十六周岁的外国人在中国境内停留居留,应当随身携带本人的护照或者其他国际旅行证件,或者外国人停留居留证件,接受公安机关的查验。

在中国境内居留的外国人,应当在规定的时间内到居留地县级以上地方人民政府公安机关交验外国人居留证件。

第三十九条 外国人在中国境内旅馆住宿的，旅馆应当按照旅馆业治安管理的有关规定为其办理住宿登记，并向所在地公安机关报送外国人住宿登记信息。

外国人在旅馆以外的其他住所居住或者住宿的，应当在入住后二十四小时内由本人或者留宿人，向居住地的公安机关办理登记。

第四十条 在中国境内出生的外国婴儿，其父母或者代理人应当在婴儿出生六十日内，持该婴儿的出生证明到父母停留居留地县级以上地方人民政府公安机关出入境管理机构为其办理停留或者居留登记。

外国人在中国境内死亡的，其家属、监护人或者代理人，应当按照规定，持该外国人的死亡证明向县级以上地方人民政府公安机关出入境管理机构申报，注销外国人停留居留证件。

第四十一条 外国人在中国境内工作，应当按照规定取得工作许可和工作类居留证件。任何单位和个人不得聘用未取得工作许可和工作类居留证件的外国人。

外国人在中国境内工作管理办法由国务院规定。

第四十二条 国务院人力资源社会保障主管部门、外国专家主管部门会同国务院有关部门根据经济社会发展需要和人力资源供求状况制定并定期调整外国人在中国境内工作指导目录。

国务院教育主管部门会同国务院有关部门建立外国留学生勤工助学管理制度，对外国留学生勤工助学的岗位范围和时限作出规定。

第四十三条 外国人有下列行为之一的，属于非法就业：

（一）未按照规定取得工作许可和工作类居留证件在中国境内工作的；

（二）超出工作许可限定范围在中国境内工作的；

（三）外国留学生违反勤工助学管理规定，超出规定的岗位范围或者时限在中国境内工作的。

第四十四条 根据维护国家安全、公共安全的需要，公安机关、国家安全机关可以限制外国人、外国机构在某些地区设立居住或者办公场所；对已经设立的，可以限期迁离。

未经批准，外国人不得进入限制外国人进入的区域。

第四十五条 聘用外国人工作或者招收外国留学生的单位，应当按照规定向所在地公安机关报告有关信息。

公民、法人或者其他组织发现外国人有非法入境、非法居留、非法就业情形的，应当及时向所在地公安机关报告。

第四十六条 申请难民地位的外国人，在难民地位甄别期间，可以凭公安机关签发的临时身份证明在中国境内停留；被认定为难民的外国人，可以凭公安机关签发的难民身份证件在中国境内停留居留。

第二节 永久居留

第四十七条 对中国经济社会发展作出突出贡献或者符合其他在中国境内永久居留条件的外国人，经本人申请和公安部批准，取得永久居留资格。

外国人在中国境内永久居留的审批管理办法由公安部、外交部会同国务院有关部门规定。

第四十八条 取得永久居留资格的外国人，凭永久居留证件在中国境内居留和工作，凭本人的护照和永久居留证件出境入境。

第四十九条 外国人有下列情形之一的，由公安部决定取消其在中国境内永久居留资格：

（一）对中国国家安全和利益造成危害的；

（二）被处驱逐出境的；

（三）弄虚作假骗取在中国境内永久居留资格的；

（四）在中国境内居留未达到规定时限的；

（五）不适宜在中国境内永久居留的其他情形。

第五章 交通运输工具出境入境边防检查

第五十条 出境入境交通运输工具离开、抵达口岸时，应当接受边防检查。对交通运输工具的入境边防检查，在其最先抵达的口岸进行；对交通运输工具的出境边防检查，在其最后离开的口岸进行。特殊情况下，可以在有关主管机关指定的地点进行。

出境的交通运输工具自出境检查后至出境前,入境的交通运输工具自入境后至入境检查前,未经出入境边防检查机关按照规定程序许可,不得上下人员、装卸货物或者物品。

第五十一条 交通运输工具负责人或者交通运输工具出境入境业务代理单位应当按照规定提前向出入境边防检查机关报告入境、出境的交通运输工具抵达、离开口岸的时间和停留地点,如实申报员工、旅客、货物或者物品等信息。

第五十二条 交通运输工具负责人、交通运输工具出境入境业务代理单位应当配合出境入境边防检查,发现违反本法规定行为的,应当立即报告并协助调查处理。

入境交通运输工具载运不准入境人员的,交通运输工具负责人应当负责载离。

第五十三条 出入境边防检查机关按照规定对处于下列情形之一的出境入境交通运输工具进行监护:

(一)出境的交通运输工具在出境边防检查开始后至出境前、入境的交通运输工具在入境后至入境边防检查完成前;

(二)外国船舶在中国内河航行期间;

(三)有必要进行监护的其他情形。

第五十四条 因装卸物品、维修作业、参观访问等事由需要上下外国船舶的人员,应当向出入境边防检查机关申请办理登轮证件。

中国船舶与外国船舶或者外国船舶之间需要搭靠作业的,应当由船长或者交通运输工具出境入境业务代理单位向出入境边防检查机关申请办理船舶搭靠手续。

第五十五条 外国船舶、航空器在中国境内应当按照规定的路线、航线行驶。

出境入境的船舶、航空器不得驶入对外开放口岸以外地区。因不可预见的紧急情况或者不可抗力驶入的,应当立即向就近的出入境边防检查机关或者当地公安机关报告,并接受监护和管理。

第五十六条 交通运输工具有下列情形之一的,不准出境入境;已经

驶离口岸的,可以责令返回:

(一)离开、抵达口岸时,未经查验准许擅自出境入境的;

(二)未经批准擅自改变出境入境口岸的;

(三)涉嫌载有不准出境入境人员,需要查验核实的;

(四)涉嫌载有危害国家安全、利益和社会公共秩序的物品,需要查验核实的;

(五)拒绝接受出入境边防检查机关管理的其他情形。

前款所列情形消失后,出入境边防检查机关对有关交通运输工具应当立即放行。

第五十七条 从事交通运输工具出境入境业务代理的单位,应当向出入境边防检查机关备案。从事业务代理的人员,由所在单位向出入境边防检查机关办理备案手续。

第六章 调查和遣返

第五十八条 本章规定的当场盘问、继续盘问、拘留审查、限制活动范围、遣送出境措施,由县级以上地方人民政府公安机关或者出入境边防检查机关实施。

第五十九条 对涉嫌违反出境入境管理的人员,可以当场盘问;经当场盘问,有下列情形之一的,可以依法继续盘问:

(一)有非法出境入境嫌疑的;

(二)有协助他人非法出境入境嫌疑的;

(三)外国人有非法居留、非法就业嫌疑的;

(四)有危害国家安全和利益,破坏社会公共秩序或者从事其他违法犯罪活动嫌疑的。

当场盘问和继续盘问应当依据《中华人民共和国人民警察法》规定的程序进行。

县级以上地方人民政府公安机关或者出入境边防检查机关需要传唤涉嫌违反出境入境管理的人员的,依照《中华人民共和国治安管理处罚法》的有关规定执行。

第六十条　外国人有本法第五十九条第一款规定情形之一的，经当场盘问或者继续盘问后仍不能排除嫌疑，需要作进一步调查的，可以拘留审查。

实施拘留审查，应当出示拘留审查决定书，并在二十四小时内进行询问。发现不应当拘留审查的，应当立即解除拘留审查。

拘留审查的期限不得超过三十日；案情复杂的，经上一级地方人民政府公安机关或者出入境边防检查机关批准可以延长至六十日。对国籍、身份不明的外国人，拘留审查期限自查清其国籍、身份之日起计算。

第六十一条　外国人有下列情形之一的，不适用拘留审查，可以限制其活动范围：

（一）患有严重疾病的；

（二）怀孕或者哺乳自己不满一周岁婴儿的；

（三）未满十六周岁或者已满七十周岁的；

（四）不宜适用拘留审查的其他情形。

被限制活动范围的外国人，应当按照要求接受审查，未经公安机关批准，不得离开限定的区域。限制活动范围的期限不得超过六十日。对国籍、身份不明的外国人，限制活动范围期限自查清其国籍、身份之日起计算。

第六十二条　外国人有下列情形之一的，可以遣送出境：

（一）被处限期出境，未在规定期限内离境的；

（二）有不准入境情形的；

（三）非法居留、非法就业的；

（四）违反本法或者其他法律、行政法规需要遣送出境的。

其他境外人员有前款所列情形之一的，可以依法遣送出境。

被遣送出境的人员，自被遣送出境之日起一至五年内不准入境。

第六十三条　被拘留审查或者被决定遣送出境但不能立即执行的人员，应当羁押在拘留所或者遣返场所。

第六十四条　外国人对依照本法规定对其实施的继续盘问、拘留审查、限制活动范围、遣送出境措施不服的，可以依法申请行政复议，该行政复议决定为最终决定。

其他境外人员对依照本法规定对其实施的遣送出境措施不服，申请行政复议的，适用前款规定。

第六十五条 对依法决定不准出境或者不准入境的人员，决定机关应当按照规定及时通知出入境边防检查机关；不准出境、入境情形消失的，决定机关应当及时撤销不准出境、入境决定，并通知出入境边防检查机关。

第六十六条 根据维护国家安全和出境入境管理秩序的需要，必要时，出入境边防检查机关可以对出境入境的人员进行人身检查。人身检查应当由两名与受检查人同性别的边防检查人员进行。

第六十七条 签证、外国人停留居留证件等出境入境证件发生损毁、遗失、被盗抢或者签发后发现持证人不符合签发条件等情形的，由签发机关宣布该出境入境证件作废。

伪造、变造、骗取或者被证件签发机关宣布作废的出境入境证件无效。

公安机关可以对前款规定的或被他人冒用的出境入境证件予以注销或者收缴。

第六十八条 对用于组织、运送、协助他人非法出境入境的交通运输工具，以及需要作为办案证据的物品，公安机关可以扣押。

对查获的违禁物品，涉及国家秘密的文件、资料以及用于实施违反出境入境管理活动的工具等，公安机关应当予以扣押，并依照相关法律、行政法规规定处理。

第六十九条 出境入境证件的真伪由签发机关、出入境边防检查机关或者公安机关出入境管理机构认定。

第七章 法律责任

第七十条 本章规定的行政处罚，除本章另有规定外，由县级以上地方人民政府公安机关或者出入境边防检查机关决定；其中警告或者五千元以下罚款，可以由县级以上地方人民政府公安机关出入境管理机构决定。

第七十一条 有下列行为之一的，处一千元以上五千元以下罚款；情节严重的，处五日以上十日以下拘留，可以并处二千元以上一万元以下罚款：

（一）持用伪造、变造、骗取的出境入境证件出境入境的；

（二）冒用他人出境入境证件出境入境的；

（三）逃避出境入境边防检查的；

（四）以其他方式非法出境入境的。

第七十二条 协助他人非法出境入境的，处二千元以上一万元以下罚款；情节严重的，处十日以上十五日以下拘留，并处五千元以上二万元以下罚款，有违法所得的，没收违法所得。

单位有前款行为的，处一万元以上五万元以下罚款，有违法所得的，没收违法所得，并对其直接负责的主管人员和其他直接责任人员依照前款规定予以处罚。

第七十三条 弄虚作假骗取签证、停留居留证件等出境入境证件的，处二千元以上五千元以下罚款；情节严重的，处十日以上十五日以下拘留，并处五千元以上二万元以下罚款。

单位有前款行为的，处一万元以上五万元以下罚款，并对其直接负责的主管人员和其他直接责任人员依照前款规定予以处罚。

第七十四条 违反本法规定，为外国人出具邀请函件或者其他申请材料的，处五千元以上一万元以下罚款，有违法所得的，没收违法所得，并责令其承担所邀请外国人的出境费用。

单位有前款行为的，处一万元以上五万元以下罚款，有违法所得的，没收违法所得，并责令其承担所邀请外国人的出境费用，对其直接负责的主管人员和其他直接责任人员依照前款规定予以处罚。

第七十五条 中国公民出境后非法前往其他国家或者地区被遣返的，出入境边防检查机关应当收缴其出境入境证件，出境入境证件签发机关自其被遣返之日起六个月至三年以内不予签发出境入境证件。

第七十六条 有下列情形之一的，给予警告，可以并处二千元以下罚款：

（一）外国人拒不接受公安机关查验其出境入境证件的；

（二）外国人拒不交验居留证件的；

（三）未按照规定办理外国人出生登记、死亡申报的；

（四）外国人居留证件登记事项发生变更，未按照规定办理变更的；

（五）在中国境内的外国人冒用他人出境入境证件的；

（六）未按照本法第三十九条第二款规定办理登记的。

旅馆未按照规定办理外国人住宿登记的，依照《中华人民共和国治安管理处罚法》的有关规定予以处罚；未按照规定向公安机关报送外国人住宿登记信息的，给予警告；情节严重的，处一千元以上五千元以下罚款。

第七十七条　外国人未经批准，擅自进入限制外国人进入的区域，责令立即离开；情节严重的，处五日以上十日以下拘留。对外国人非法获取的文字记录、音像资料、电子数据和其他物品，予以收缴或者销毁，所用工具予以收缴。

外国人、外国机构违反本法规定，拒不执行公安机关、国家安全机关限期迁离决定的，给予警告并强制迁离；情节严重的，对有关责任人员处五日以上十五日以下拘留。

第七十八条　外国人非法居留的，给予警告；情节严重的，处每非法居留一日五百元，总额不超过一万元的罚款或者五日以上十五日以下拘留。

因监护人或者其他负有监护责任的人未尽到监护义务，致使未满十六周岁的外国人非法居留的，对监护人或者其他负有监护责任的人给予警告，可以并处一千元以下罚款。

第七十九条　容留、藏匿非法入境、非法居留的外国人，协助非法入境、非法居留的外国人逃避检查，或者为非法居留的外国人违法提供出境入境证件的，处二千元以上一万元以下罚款；情节严重的，处五日以上十五日以下拘留，并处五千元以上二万元以下罚款，有违法所得的，没收违法所得。

单位有前款行为的，处一万元以上五万元以下罚款，有违法所得的，没收违法所得，并对其直接负责的主管人员和其他直接责任人员依照前款规定予以处罚。

第八十条　外国人非法就业的，处五千元以上二万元以下罚款；情节严重的，处五日以上十五日以下拘留，并处五千元以上二万元以下罚款。

介绍外国人非法就业的，对个人处每非法介绍一人五千元，总额不超过五万元的罚款；对单位处每非法介绍一人五千元，总额不超过十万元的罚款；有违法所得的，没收违法所得。

非法聘用外国人的，处每非法聘用一人一万元，总额不超过十万元的罚款；有违法所得的，没收违法所得。

第八十一条 外国人从事与停留居留事由不相符的活动，或者有其他违反中国法律、法规规定，不适宜在中国境内继续停留居留情形的，可以处限期出境。

外国人违反本法规定，情节严重，尚不构成犯罪的，公安部可以处驱逐出境。公安部的处罚决定为最终决定。

被驱逐出境的外国人，自被驱逐出境之日起十年内不准入境。

第八十二条 有下列情形之一的，给予警告，可以并处二千元以下罚款：

（一）扰乱口岸限定区域管理秩序的；

（二）外国船员及其随行家属未办理临时入境手续登陆的；

（三）未办理登轮证件上下外国船舶的。

违反前款第一项规定，情节严重的，可以并处五日以上十日以下拘留。

第八十三条 交通运输工具有下列情形之一的，对其负责人处五千元以上五万元以下罚款：

（一）未经查验准许擅自出境入境或者未经批准擅自改变出境入境口岸的；

（二）未按照规定如实申报员工、旅客、货物或者物品等信息，或者拒绝协助出境入境边防检查的；

（三）违反出境入境边防检查规定上下人员、装卸货物或者物品的。

出境入境交通运输工具载运不准出境入境人员出境入境的，处每载运一人五千元以上一万元以下罚款。交通运输工具负责人证明其已经采取合理预防措施的，可以减轻或者免予处罚。

第八十四条 交通运输工具有下列情形之一的，对其负责人处二千元以上二万元以下罚款：

（一）中国或者外国船舶未经批准擅自搭靠外国船舶的；

（二）外国船舶、航空器在中国境内未按照规定的路线、航线行驶的；

（三）出境入境的船舶、航空器违反规定驶入对外开放口岸以外地区的。

第八十五条 履行出境入境管理职责的工作人员，有下列行为之一的，依法给予处分：

（一）违反法律、行政法规，为不符合规定条件的外国人签发签证、外国人停留居留证件等出境入境证件的；

（二）违反法律、行政法规，审核验放不符合规定条件的人员或者交通运输工具出境入境的；

（三）泄露在出境入境管理工作中知悉的个人信息，侵害当事人合法权益的；

（四）不按照规定将依法收取的费用、收缴的罚款及没收的违法所得、非法财物上缴国库的；

（五）私分、侵占、挪用罚没、扣押的款物或者收取的费用的；

（六）滥用职权、玩忽职守、徇私舞弊，不依法履行法定职责的其他行为。

第八十六条 对违反出境入境管理行为处五百元以下罚款的，出入境边防检查机关可以当场作出处罚决定。

第八十七条 对违反出境入境管理行为处罚款的，被处罚人应当自收到处罚决定书之日起十五日内，到指定的银行缴纳罚款。被处罚人在所在地没有固定住所，不当场收缴罚款事后难以执行或者在口岸向指定银行缴纳罚款确有困难的，可以当场收缴。

第八十八条 违反本法规定，构成犯罪的，依法追究刑事责任。

第八章 附 则

第八十九条 本法下列用语的含义：

出境，是指由中国内地前往其他国家或者地区，由中国内地前往香港特别行政区、澳门特别行政区,由中国大陆前往台湾地区。

入境,是指由其他国家或者地区进入中国内地,由香港特别行政区、澳门特别行政区进入中国内地,由台湾地区进入中国大陆。

外国人,是指不具有中国国籍的人。

第九十条 经国务院批准,同毗邻国家接壤的省、自治区可以根据中国与有关国家签订的边界管理协定制定地方性法规、地方政府规章,对两国边境接壤地区的居民往来作出规定。

第九十一条 外国驻中国的外交代表机构、领事机构成员以及享有特权和豁免的其他外国人,其入境出境及停留居留管理,其他法律另有规定的,依照其规定。

第九十二条 外国人申请办理签证、外国人停留居留证件等出境入境证件或者申请办理证件延期、变更的,应当按照规定缴纳签证费、证件费。

第九十三条 本法自2013年7月1日起施行。《中华人民共和国外国人入境出境管理法》和《中华人民共和国公民出境入境管理法》同时废止。

中国公民出国旅游管理办法

(2002年5月27日国务院令第354号公布 根据2017年3月1日国务院令第676号《关于修改和废止部分行政法规的决定》修订)

第一条 为了规范旅行社组织中国公民出国旅游活动,保障出国旅游者和出国旅游经营者的合法权益,制定本办法。

第二条 出国旅游的目的地国家,由国务院旅游行政部门会同国务院有关部门提出,报国务院批准后,由国务院旅游行政部门公布。

任何单位和个人不得组织中国公民到国务院旅游行政部门公布的出国旅游的目的地国家以外的国家旅游;组织中国公民到国务院旅游行政部门公布的出国旅游的目的地国家以外的国家进行涉及体育活动、文化活动等临时性专项旅游的,须经国务院旅游行政部门批准。

第三条 旅行社经营出国旅游业务,应当具备下列条件:

(一)取得国际旅行社资格满 1 年;

(二)经营入境旅游业务有突出业绩;

(三)经营期间无重大违法行为和重大服务质量问题。

第四条 申请经营出国旅游业务的旅行社,应当向省、自治区、直辖市旅游行政部门提出申请。省、自治区、直辖市旅游行政部门应当自受理申请之日起 30 个工作日内,依据本办法第三条规定的条件对申请审查完毕,经审查同意的,报国务院旅游行政部门批准;经审查不同意的,应当书面通知申请人并说明理由。

国务院旅游行政部门批准旅行社经营出国旅游业务,应当符合旅游业发展规划及合理布局的要求。

未经国务院旅游行政部门批准取得出国旅游业务经营资格的,任何单位和个人不得擅自经营或者以商务、考察、培训等方式变相经营出国旅游业务。

第五条 国务院旅游行政部门应当将取得出国旅游业务经营资格的旅行社(以下简称组团社)名单予以公布,并通报国务院有关部门。

第六条 国务院旅游行政部门根据上年度全国入境旅游的业绩、出国旅游目的地的增加情况和出国旅游的发展趋势,在每年的 2 月底以前确定本年度组织出国旅游的人数安排总量,并下达省、自治区、直辖市旅游行政部门。

省、自治区、直辖市旅游行政部门根据本行政区域内各组团社上年度经营入境旅游的业绩、经营能力、服务质量,按照公平、公正、公开的原则,在每年的 3 月底以前核定各组团社本年度组织出国旅游的人数安排。

国务院旅游行政部门应当对省、自治区、直辖市旅游行政部门核定组团社年度出国旅游人数安排及组团社组织公民出国旅游的情况进行监督。

第七条 国务院旅游行政部门统一印制《中国公民出国旅游团队名单表》(以下简称《名单表》),在下达本年度出国旅游人数安排时编号发放给省、自治区、直辖市旅游行政部门,由省、自治区、直辖市旅游行政部门核发给组团社。

组团社应当按照核定的出国旅游人数安排组织出国旅游团队,填写《名单表》。旅游者及领队首次出境或者再次出境,均应当填写在《名单表》中,经审核后的《名单表》不得增添人员。

第八条 《名单表》一式四联,分为:出境边防检查专用联、入境边防检查专用联、旅游行政部门审验专用联、旅行社自留专用联。

组团社应当按照有关规定,在旅游团队出境、入境时及旅游团队入境后,将《名单表》分别交有关部门查验、留存。

出国旅游兑换外汇,由旅游者个人按照国家有关规定办理。

第九条 旅游者持有有效普通护照的,可以直接到组团社办理出国旅游手续;没有有效普通护照的,应当依照《中华人民共和国公民出境入境管理法》的有关规定办理护照后再办理出国旅游手续。

组团社应当为旅游者办理前往国签证等出境手续。

第十条 组团社应当为旅游团队安排专职领队。

领队在带团时,应当遵守本办法及国务院旅游行政部门的有关规定。

第十一条 旅游团队应当从国家开放口岸整团出入境。

旅游团队出入境时,应当接受边防检查站对护照、签证、《名单表》的查验。经国务院有关部门批准,旅游团队可以到旅游目的地国家按照该国有关规定办理签证或者免签证。

旅游团队出境前已确定分团入境的,组团社应当事先向出入境边防检查总站或者省级公安边防部门备案。

旅游团队出境后因不可抗力或者其他特殊原因确需分团入境的,领队应当及时通知组团社,组团社应当立即向有关出入境边防检查总站或者省级公安边防部门备案。

第十二条 组团社应当维护旅游者的合法权益。

组团社向旅游者提供的出国旅游服务信息必须真实可靠，不得作虚假宣传，报价不得低于成本。

第十三条 组团社经营出国旅游业务，应当与旅游者订立书面旅游合同。

旅游合同应当包括旅游起止时间、行程路线、价格、食宿、交通以及违约责任等内容。旅游合同由组团社和旅游者各持一份。

第十四条 组团社应当按照旅游合同约定的条件，为旅游者提供服务。

组团社应当保证所提供的服务符合保障旅游者人身、财产安全的要求；对可能危及旅游者人身安全的情况，应当向旅游者作出真实说明和明确警示，并采取有效措施，防止危害的发生。

第十五条 组团社组织旅游者出国旅游，应当选择在目的地国家依法设立并具有良好信誉的旅行社（以下简称境外接待社），并与之订立书面合同后，方可委托其承担接待工作。

第十六条 组团社及其旅游团队领队应当要求境外接待社按照约定的团队活动计划安排旅游活动，并要求其不得组织旅游者参与涉及色情、赌博、毒品内容的活动或者危险性活动，不得擅自改变行程、减少旅游项目，不得强迫或者变相强迫旅游者参加额外付费项目。

境外接待社违反组团社及其旅游团队领队根据前款规定提出的要求时，组团社及其旅游团队领队应当予以制止。

第十七条 旅游团队领队应当向旅游者介绍旅游目的地国家的相关法律、风俗习惯以及其他有关注意事项，并尊重旅游者的人格尊严、宗教信仰、民族风俗和生活习惯。

第十八条 旅游团队领队在带领旅游者旅行、游览过程中，应当就可能危及旅游者人身安全的情况，向旅游者作出真实说明和明确警示，并按照组团社的要求采取有效措施，防止危害的发生。

第十九条 旅游团队在境外遇到特殊困难和安全问题时，领队应当及时向组团社和中国驻所在国家使领馆报告；组团社应当及时向旅游行政部门和公安机关报告。

第二十条 旅游团队领队不得与境外接待社、导游及为旅游者提供商品或者服务的其他经营者串通欺骗、胁迫旅游者消费，不得向境外接待社、导游及其他为旅游者提供商品或者服务的经营者索要回扣、提成或者收受其财物。

第二十一条　旅游者应当遵守旅游目的地国家的法律，尊重当地的风俗习惯，并服从旅游团队领队的统一管理。

第二十二条　严禁旅游者在境外滞留不归。

旅游者在境外滞留不归的，旅游团队领队应当及时向组团社和中国驻所在国家使领馆报告，组团社应当及时向公安机关和旅游行政部门报告。有关部门处理有关事项时，组团社有义务予以协助。

第二十三条　旅游者对组团社或者旅游团队领队违反本办法规定的行为，有权向旅游行政部门投诉。

第二十四条　因组团社或者其委托的境外接待社违约，使旅游者合法权益受到损害的，组团社应当依法对旅游者承担赔偿责任。

第二十五条　组团社有下列情形之一的，旅游行政部门可以暂停其经营出国旅游业务；情节严重的，取消其出国旅游业务经营资格：

（一）入境旅游业绩下降的；

（二）因自身原因，在1年内未能正常开展出国旅游业务的；

（三）因出国旅游服务质量问题被投诉并经查实的；

（四）有逃汇、非法套汇行为的；

（五）以旅游名义弄虚作假，骗取护照、签证等出入境证件或者送他人出境的；

（六）国务院旅游行政部门认定的影响中国公民出国旅游秩序的其他行为。

第二十六条　任何单位和个人违反本办法第四条的规定，未经批准擅自经营或者以商务、考察、培训等方式变相经营出国旅游业务的，由旅游行政部门责令停止非法经营，没收违法所得，并处违法所得2倍以上5倍以下的罚款。

第二十七条　组团社违反本办法第十条的规定，不为旅游团队安排专职领队的，由旅游行政部门责令改正，并处5000元以上2万元以下的罚款，可以暂停其出国旅游业务经营资格；多次不安排专职领队的，并取消其出国旅游业务经营资格。

第二十八条 组团社违反本办法第十二条的规定，向旅游者提供虚假服务信息或者低于成本报价的，由工商行政管理部门依照《中华人民共和国消费者权益保护法》、《中华人民共和国反不正当竞争法》的有关规定给予处罚。

第二十九条 组团社或者旅游团队领队违反本办法第十四条第二款、第十八条的规定，对可能危及人身安全的情况未向旅游者作出真实说明和明确警示，或者未采取防止危害发生的措施的，由旅游行政部门责令改正，给予警告；情节严重的，对组团社暂停其出国旅游业务经营资格，并处5000元以上2万元以下的罚款，对旅游团队领队可以暂扣直至吊销其导游证；造成人身伤亡事故的，依法追究刑事责任，并承担赔偿责任。

第三十条 组团社或者旅游团队领队违反本办法第十六条的规定，未要求境外接待社不得组织旅游者参与涉及色情、赌博、毒品内容的活动或者危险性活动，未要求其不得擅自改变行程、减少旅游项目、强迫或者变相强迫旅游者参加额外付费项目，或者在境外接待社违反前述要求时未制止的，由旅游行政部门对组团社处组织该旅游团队所收取费用2倍以上5倍以下的罚款，并暂停其出国旅游业务经营资格，对旅游团队领队暂扣其导游证；造成恶劣影响的，对组团社取消其出国旅游业务经营资格，对旅游团队领队吊销其导游证。

第三十一条 旅游团队领队违反本办法第二十条的规定，与境外接待社、导游及为旅游者提供商品或者服务的其他经营者串通欺骗、胁迫旅游者消费或者向境外接待社、导游和其他为旅游者提供商品或者服务的经营者索要回扣、提成或者收受其财物的，由旅游行政部门责令改正，没收索要的回扣、提成或者收受的财物，并处索要的回扣、提成或者收受的财物价值2倍以上5倍以下的罚款；情节严重的，并吊销其导游证。

第三十二条 违反本办法第二十二条的规定，旅游者在境外滞留不归，旅游团队领队不及时向组团社和中国驻所在国家使领馆报告，或者组团社不及时向有关部门报告的，由旅游行政部门给予警告，对旅游团队领队可以暂扣其导游证，对组团社可以暂停其出国旅游业务经营资格。

旅游者因滞留不归被遣返回国的，由公安机关吊销其护照。

第三十三条 本办法自2002年7月1日起施行。国务院1997年3月17日批准,国家旅游局、公安部1997年7月1日发布的《中国公民自费出国旅游管理暂行办法》同时废止。

旅行社条例

(2009年2月20日国务院令第550号公布 根据2016年2月6日国务院令第666号《关于修改部分行政法规的决定》第一次修订 根据2017年3月1日国务院令第676号《关于修改和废止部分行政法规的决定》第二次修订 根据2020年11月29日国务院令第732号《关于修改和废止部分行政法规的决定》第三次修订)

第一章 总 则

第一条 为了加强对旅行社的管理,保障旅游者和旅行社的合法权益,维护旅游市场秩序,促进旅游业的健康发展,制定本条例。

第二条 本条例适用于中华人民共和国境内旅行社的设立及经营活动。

本条例所称旅行社,是指从事招徕、组织、接待旅游者等活动,为旅游者提供相关旅游服务,开展国内旅游业务、入境旅游业务或者出境旅游业务的企业法人。

第三条 国务院旅游行政主管部门负责全国旅行社的监督管理工作。

县级以上地方人民政府管理旅游工作的部门按照职责负责本行政区

域内旅行社的监督管理工作。

县级以上各级人民政府工商、价格、商务、外汇等有关部门，应当按照职责分工，依法对旅行社进行监督管理。

第四条 旅行社在经营活动中应当遵循自愿、平等、公平、诚信的原则，提高服务质量，维护旅游者的合法权益。

第五条 旅行社行业组织应当按照章程为旅行社提供服务，发挥协调和自律作用，引导旅行社合法、公平竞争和诚信经营。

第二章 旅行社的设立

第六条 申请经营国内旅游业务和入境旅游业务的，应当取得企业法人资格，并且注册资本不少于30万元。

第七条 申请经营国内旅游业务和入境旅游业务的，应当向所在地省、自治区、直辖市旅游行政管理部门或者其委托的设区的市级旅游行政管理部门提出申请，并提交符合本条例第六条规定的相关证明文件。受理申请的旅游行政管理部门应当自受理申请之日起20个工作日内作出许可或者不予许可的决定。予以许可的，向申请人颁发旅行社业务经营许可证；不予许可的，书面通知申请人并说明理由。

第八条 旅行社取得经营许可满两年，且未因侵害旅游者合法权益受到行政机关罚款以上处罚的，可以申请经营出境旅游业务。

第九条 申请经营出境旅游业务的，应当向国务院旅游行政主管部门或者其委托的省、自治区、直辖市旅游行政管理部门提出申请，受理申请的旅游行政管理部门应当自受理申请之日起20个工作日内作出许可或者不予许可的决定。予以许可的，向申请人换发旅行社业务经营许可证；不予许可的，书面通知申请人并说明理由。

第十条 旅行社设立分社的，应当向分社所在地的工商行政管理部门办理设立登记，并自设立登记之日起3个工作日内向分社所在地的旅游行政管理部门备案。

旅行社分社的设立不受地域限制。分社的经营范围不得超出设立分社的旅行社的经营范围。

第十一条 旅行社设立专门招徕旅游者、提供旅游咨询的服务网点(以下简称旅行社服务网点)应当依法向工商行政管理部门办理设立登记手续,并向所在地的旅游行政管理部门备案。

旅行社服务网点应当接受旅行社的统一管理,不得从事招徕、咨询以外的活动。

第十二条 旅行社变更名称、经营场所、法定代表人等登记事项或者终止经营的,应当到工商行政管理部门办理相应的变更登记或者注销登记,并在登记办理完毕之日起10个工作日内,向原许可的旅游行政管理部门备案,换领或者交回旅行社业务经营许可证。

第十三条 旅行社应当自取得旅行社业务经营许可证之日起3个工作日内,在国务院旅游行政主管部门指定的银行开设专门的质量保证金账户,存入质量保证金,或者向作出许可的旅游行政管理部门提交依法取得的担保额度不低于相应质量保证金数额的银行担保。

经营国内旅游业务和入境旅游业务的旅行社,应当存入质量保证金20万元;经营出境旅游业务的旅行社,应当增存质量保证金120万元。

质量保证金的利息属于旅行社所有。

第十四条 旅行社每设立一个经营国内旅游业务和入境旅游业务的分社,应当向其质量保证金账户增存5万元;每设立一个经营出境旅游业务的分社,应当向其质量保证金账户增存30万元。

第十五条 有下列情形之一的,旅游行政管理部门可以使用旅行社的质量保证金:

(一)旅行社违反旅游合同约定,侵害旅游者合法权益,经旅游行政管理部门查证属实的;

(二)旅行社因解散、破产或者其他原因造成旅游者预交旅游费用损失的。

第十六条 人民法院判决、裁定及其他生效法律文书认定旅行社损害旅游者合法权益,旅行社拒绝或者无力赔偿的,人民法院可以从旅行社的质量保证金账户上划拨赔偿款。

第十七条 旅行社自交纳或者补足质量保证金之日起三年内未因侵害旅游者合法权益受到行政机关罚款以上处罚的,旅游行政管理部门应当将旅行社质量保证金的交存数额降低50%，并向社会公告。旅行社可凭省、自治区、直辖市旅游行政管理部门出具的凭证减少其质量保证金。

第十八条 旅行社在旅游行政管理部门使用质量保证金赔偿旅游者的损失，或者依法减少质量保证金后，因侵害旅游者合法权益受到行政机关罚款以上处罚的，应当在收到旅游行政管理部门补交质量保证金的通知之日起5个工作日内补足质量保证金。

第十九条 旅行社不再从事旅游业务的，凭旅游行政管理部门出具的凭证，向银行取回质量保证金。

第二十条 质量保证金存缴、使用的具体管理办法由国务院旅游行政主管部门和国务院财政部门会同有关部门另行制定。

第三章 外商投资旅行社

第二十一条 外商投资旅行社适用本章规定；本章没有规定的，适用本条例其他有关规定。

第二十二条 外商投资企业申请经营旅行社业务，应当向所在地省、自治区、直辖市旅游行政管理部门提出申请，并提交符合本条例第六条规定条件的相关证明文件。省、自治区、直辖市旅游行政管理部门应当自受理申请之日起30个工作日内审查完毕。予以许可的，颁发旅行社业务经营许可证；不予许可的，书面通知申请人并说明理由。

设立外商投资旅行社，还应当遵守有关外商投资的法律、法规。

第二十三条 外商投资旅行社不得经营中国内地居民出国旅游业务以及赴香港特别行政区、澳门特别行政区和台湾地区旅游的业务，但是国务院决定或者我国签署的自由贸易协定和内地与香港、澳门关于建立更紧密经贸关系的安排另有规定的除外。

第四章 旅行社经营

第二十四条 旅行社向旅游者提供的旅游服务信息必须真实可靠，不得作虚假宣传。

第二十五条 经营出境旅游业务的旅行社不得组织旅游者到国务院旅游行政主管部门公布的中国公民出境旅游目的地之外的国家和地区旅游。

第二十六条 旅行社为旅游者安排或者介绍的旅游活动不得含有违反有关法律、法规规定的内容。

第二十七条 旅行社不得以低于旅游成本的报价招徕旅游者。未经旅游者同意,旅行社不得在旅游合同约定之外提供其他有偿服务。

第二十八条 旅行社为旅游者提供服务,应当与旅游者签订旅游合同并载明下列事项:

(一)旅行社的名称及其经营范围、地址、联系电话和旅行社业务经营许可证编号;

(二)旅行社经办人的姓名、联系电话;

(三)签约地点和日期;

(四)旅游行程的出发地、途经地和目的地;

(五)旅游行程中交通、住宿、餐饮服务安排及其标准;

(六)旅行社统一安排的游览项目的具体内容及时间;

(七)旅游者自由活动的时间和次数;

(八)旅游者应当交纳的旅游费用及交纳方式;

(九)旅行社安排的购物次数、停留时间及购物场所的名称;

(十)需要旅游者另行付费的游览项目及价格;

(十一)解除或者变更合同的条件和提前通知的期限;

(十二)违反合同的纠纷解决机制及应当承担的责任;

(十三)旅游服务监督、投诉电话;

(十四)双方协商一致的其他内容。

第二十九条 旅行社在与旅游者签订旅游合同时,应当对旅游合同的具体内容作出真实、准确、完整的说明。

旅行社和旅游者签订的旅游合同约定不明确或者对格式条款的理解发生争议的,应当按照通常理解予以解释;对格式条款有两种以上解释的,应当作出有利于旅游者的解释;格式条款和非格式条款不一致的,应当采用非格式条款。

第三十条　旅行社组织中国内地居民出境旅游的，应当为旅游团队安排领队全程陪同。

第三十一条　旅行社为接待旅游者委派的导游人员，应当持有国家规定的导游证。

取得出境旅游业务经营许可的旅行社为组织旅游者出境旅游委派的领队，应当取得导游证，具有相应的学历、语言能力和旅游从业经历，并与委派其从事领队业务的旅行社订立劳动合同。旅行社应当将本单位领队名单报所在地设区的市级旅游行政管理部门备案。

第三十二条　旅行社聘用导游人员、领队人员应当依法签订劳动合同，并向其支付不低于当地最低工资标准的报酬。

第三十三条　旅行社及其委派的导游人员和领队人员不得有下列行为：

（一）拒绝履行旅游合同约定的义务；

（二）非因不可抗力改变旅游合同安排的行程；

（三）欺骗、胁迫旅游者购物或者参加需要另行付费的游览项目。

第三十四条　旅行社不得要求导游人员和领队人员接待不支付接待和服务费用或者支付的费用低于接待和服务成本的旅游团队，不得要求导游人员和领队人员承担接待旅游团队的相关费用。

第三十五条　旅行社违反旅游合同约定，造成旅游者合法权益受到损害的，应当采取必要的补救措施，并及时报告旅游行政管理部门。

第三十六条　旅行社需要对旅游业务作出委托的，应当委托给具有相应资质的旅行社，征得旅游者的同意，并与接受委托的旅行社就接待旅游者的事宜签订委托合同，确定接待旅游者的各项服务安排及其标准，约定双方的权利、义务。

第三十七条　旅行社将旅游业务委托给其他旅行社的，应当向接受委托的旅行社支付不低于接待和服务成本的费用；接受委托的旅行社不得接待不支付或者不足额支付接待和服务费用的旅游团队。

接受委托的旅行社违约，造成旅游者合法权益受到损害的，作出委托的旅行社应当承担相应的赔偿责任。作出委托的旅行社赔偿后，可以向接受委托的旅行社追偿。

接受委托的旅行社故意或者重大过失造成旅游者合法权益损害的，应当承担连带责任。

第三十八条 旅行社应当投保旅行社责任险。旅行社责任险的具体方案由国务院旅游行政主管部门会同国务院保险监督管理机构另行制定。

第三十九条 旅行社对可能危及旅游者人身、财产安全的事项，应当向旅游者作出真实的说明和明确的警示，并采取防止危害发生的必要措施。

发生危及旅游者人身安全的情形的，旅行社及其委派的导游人员、领队人员应当采取必要的处置措施并及时报告旅游行政管理部门；在境外发生的，还应当及时报告中华人民共和国驻该国使领馆、相关驻外机构、当地警方。

第四十条 旅游者在境外滞留不归的，旅行社委派的领队人员应当及时向旅行社和中华人民共和国驻该国使领馆、相关驻外机构报告。旅行社接到报告后应当及时向旅游行政管理部门和公安机关报告，并协助提供非法滞留者的信息。

旅行社接待入境旅游发生旅游者非法滞留我国境内的，应当及时向旅游行政管理部门、公安机关和外事部门报告，并协助提供非法滞留者的信息。

第五章 监督检查

第四十一条 旅游、工商、价格、商务、外汇等有关部门应当依法加强对旅行社的监督管理，发现违法行为，应当及时予以处理。

第四十二条 旅游、工商、价格等行政管理部门应当及时向社会公告监督检查的情况。公告的内容包括旅行社业务经营许可证的颁发、变更、吊销、注销情况，旅行社的违法经营行为以及旅行社的诚信记录、旅游者投诉信息等。

第四十三条 旅行社损害旅游者合法权益的，旅游者可以向旅游行政管理部门、工商行政管理部门、价格主管部门、商务主管部门或者外汇管理部门投诉，接到投诉的部门应当按照其职责权限及时调查处理，并将调查处理的有关情况告知旅游者。

第四十四条　旅行社及其分社应当接受旅游行政管理部门对其旅游合同、服务质量、旅游安全、财务账簿等情况的监督检查，并按照国家有关规定向旅游行政管理部门报送经营和财务信息等统计资料。

第四十五条　旅游、工商、价格、商务、外汇等有关部门工作人员不得接受旅行社的任何馈赠，不得参加由旅行社支付费用的购物活动或者游览项目，不得通过旅行社为自己、亲友或者其他个人、组织牟取私利。

第六章　法 律 责 任

第四十六条　违反本条例的规定，有下列情形之一的，由旅游行政管理部门或者工商行政管理部门责令改正，没收违法所得，违法所得 10 万元以上的，并处违法所得 1 倍以上 5 倍以下的罚款；违法所得不足 10 万元或者没有违法所得的，并处 10 万元以上 50 万元以下的罚款：

（一）未取得相应的旅行社业务经营许可，经营国内旅游业务、入境旅游业务、出境旅游业务的；

（二）分社超出设立分社的旅行社的经营范围经营旅游业务的；

（三）旅行社服务网点从事招徕、咨询以外的旅行社业务经营活动的。

第四十七条　旅行社转让、出租、出借旅行社业务经营许可证的，由旅游行政管理部门责令停业整顿 1 个月至 3 个月，并没收违法所得；情节严重的，吊销旅行社业务经营许可证。受让或者租借旅行社业务经营许可证的，由旅游行政管理部门责令停止非法经营，没收违法所得，并处 10 万元以上 50 万元以下的罚款。

第四十八条　违反本条例的规定，旅行社未在规定期限内向其质量保证金账户存入、增存、补足质量保证金或者提交相应的银行担保的，由旅游行政管理部门责令改正；拒不改正的，吊销旅行社业务经营许可证。

第四十九条　违反本条例的规定，旅行社不投保旅行社责任险的，由旅游行政管理部门责令改正；拒不改正的，吊销旅行社业务经营许可证。

第五十条　违反本条例的规定，旅行社有下列情形之一的，由旅游行政管理部门责令改正；拒不改正的，处1万元以下的罚款：

（一）变更名称、经营场所、法定代表人等登记事项或者终止经营，未在规定期限内向原许可的旅游行政管理部门备案，换领或者交回旅行社业务经营许可证的；

（二）设立分社未在规定期限内向分社所在地旅游行政管理部门备案的；

（三）不按照国家有关规定向旅游行政管理部门报送经营和财务信息等统计资料的。

第五十一条　违反本条例的规定，外商投资旅行社经营中国内地居民出国旅游业务以及赴香港特别行政区、澳门特别行政区和台湾地区旅游业务，或者经营出境旅游业务的旅行社组织旅游者到国务院旅游行政主管部门公布的中国公民出境旅游目的地之外的国家和地区旅游的，由旅游行政管理部门责令改正，没收违法所得，违法所得10万元以上的，并处违法所得1倍以上5倍以下的罚款；违法所得不足10万元或者没有违法所得的，并处10万元以上50万元以下的罚款；情节严重的，吊销旅行社业务经营许可证。

第五十二条　违反本条例的规定，旅行社为旅游者安排或者介绍的旅游活动含有违反有关法律、法规规定的内容的，由旅游行政管理部门责令改正，没收违法所得，并处2万元以上10万元以下的罚款；情节严重的，吊销旅行社业务经营许可证。

第五十三条　违反本条例的规定，旅行社向旅游者提供的旅游服务信息含有虚假内容或者作虚假宣传的，由工商行政管理部门依法给予处罚。

违反本条例的规定，旅行社以低于旅游成本的报价招徕旅游者的，由价格主管部门依法给予处罚。

第五十四条　违反本条例的规定，旅行社未经旅游者同意在旅游合同约定之外提供其他有偿服务的，由旅游行政管理部门责令改正，处1万元以上5万元以下的罚款。

第五十五条　违反本条例的规定，旅行社有下列情形之一的，由旅游行政管理部门责令改正，处2万元以上10万元以下的罚款；情节严重的，责令停业整顿1个月至3个月：

（一）未与旅游者签订旅游合同；

（二）与旅游者签订的旅游合同未载明本条例第二十八条规定的事项；

（三）未取得旅游者同意，将旅游业务委托给其他旅行社；

（四）将旅游业务委托给不具有相应资质的旅行社；

（五）未与接受委托的旅行社就接待旅游者的事宜签订委托合同。

第五十六条 违反本条例的规定，旅行社组织中国内地居民出境旅游，不为旅游团队安排领队全程陪同的，由旅游行政管理部门责令改正，处1万元以上5万元以下的罚款；拒不改正的，责令停业整顿1个月至3个月。

第五十七条 违反本条例的规定，旅行社委派的导游人员未持有国家规定的导游证或者委派的领队人员不具备规定的领队条件的，由旅游行政管理部门责令改正，对旅行社处2万元以上10万元以下的罚款。

第五十八条 违反本条例的规定，旅行社不向其聘用的导游人员、领队人员支付报酬，或者所支付的报酬低于当地最低工资标准的，按照《中华人民共和国劳动合同法》的有关规定处理。

第五十九条 违反本条例的规定，有下列情形之一的，对旅行社，由旅游行政管理部门或者工商行政管理部门责令改正，处10万元以上50万元以下的罚款；对导游人员、领队人员，由旅游行政管理部门责令改正，处1万元以上5万元以下的罚款；情节严重的，吊销旅行社业务经营许可证、导游证：

（一）拒不履行旅游合同约定的义务的；

（二）非因不可抗力改变旅游合同安排的行程的；

（三）欺骗、胁迫旅游者购物或者参加需要另行付费的游览项目的。

第六十条 违反本条例的规定，旅行社要求导游人员和领队人员接待不支付接待和服务费用、支付的费用低于接待和服务成本的旅游团队，或者要求导游人员和领队人员承担接待旅游团队的相关费用的，由旅游行政管理部门责令改正，处2万元以上10万元以下的罚款。

第六十一条 旅行社违反旅游合同约定，造成旅游者合法权益受到损害,不采取必要的补救措施的,由旅游行政管理部门或者工商行政管理部门责令改正,处 1 万元以上 5 万元以下的罚款;情节严重的,由旅游行政管理部门吊销旅行社业务经营许可证。

第六十二条 违反本条例的规定,有下列情形之一的,由旅游行政管理部门责令改正,停业整顿 1 个月至 3 个月;情节严重的,吊销旅行社业务经营许可证:

(一)旅行社不向接受委托的旅行社支付接待和服务费用的;

(二)旅行社向接受委托的旅行社支付的费用低于接待和服务成本的;

(三)接受委托的旅行社接待不支付或者不足额支付接待和服务费用的旅游团队的。

第六十三条 违反本条例的规定,旅行社及其委派的导游人员、领队人员有下列情形之一的,由旅游行政管理部门责令改正,对旅行社处 2 万元以上 10 万元以下的罚款;对导游人员、领队人员处 4000 元以上 2 万元以下的罚款;情节严重的,责令旅行社停业整顿 1 个月至 3 个月,或者吊销旅行社业务经营许可证、导游证:

(一)发生危及旅游者人身安全的情形,未采取必要的处置措施并及时报告的;

(二)旅行社组织出境旅游的旅游者非法滞留境外,旅行社未及时报告并协助提供非法滞留者信息的;

(三)旅行社接待入境旅游的旅游者非法滞留境内,旅行社未及时报告并协助提供非法滞留者信息的。

第六十四条 因妨害国(边)境管理受到刑事处罚的,在刑罚执行完毕之日起五年内不得从事旅行社业务经营活动;旅行社被吊销旅行社业务经营许可的,其主要负责人在旅行社业务经营许可被吊销之日起五年内不得担任任何旅行社的主要负责人。

第六十五条 旅行社违反本条例的规定,损害旅游者合法权益的,应当承担相应的民事责任;构成犯罪的,依法追究刑事责任。

第六十六条 违反本条例的规定,旅游行政管理部门或者其他有关部门及其工作人员有下列情形之一的,对直接负责的主管人员和其他直接责任人员依法给予处分：

（一）发现违法行为不及时予以处理的；

（二）未及时公告对旅行社的监督检查情况的；

（三）未及时处理旅游者投诉并将调查处理的有关情况告知旅游者的；

（四）接受旅行社的馈赠的；

（五）参加由旅行社支付费用的购物活动或者游览项目的；

（六）通过旅行社为自己、亲友或者其他个人、组织牟取私利的。

第七章　附　　则

第六十七条　香港特别行政区、澳门特别行政区和台湾地区的投资者在内地投资设立的旅行社，参照适用本条例。

第六十八条　本条例自 2009 年 5 月 1 日起施行。1996 年 10 月 15 日国务院发布的《旅行社管理条例》同时废止。

旅行社条例实施细则

（2009 年 4 月 3 日国家旅游局令第 30 号公布　根据 2016 年 12 月 12 日国家旅游局令第 42 号《关于修改〈旅行社条例实施细则〉和废止〈出境旅游领队人员管理办法〉的决定》修改）

第一章　总　　则

第一条　根据《旅行社条例》（以下简称《条例》），制定本实施细则。

第二条 《条例》第二条所称招徕、组织、接待旅游者提供的相关旅游服务,主要包括:

(一)安排交通服务;

(二)安排住宿服务;

(三)安排餐饮服务;

(四)安排观光游览、休闲度假等服务;

(五)导游、领队服务;

(六)旅游咨询、旅游活动设计服务。

旅行社还可以接受委托,提供下列旅游服务:

(一)接受旅游者的委托,代订交通客票、代订住宿和代办出境、入境、签证手续等;

(二)接受机关、事业单位和社会团体的委托,为其差旅、考察、会议、展览等公务活动,代办交通、住宿、餐饮、会务等事务;

(三)接受企业委托,为其各类商务活动、奖励旅游等,代办交通、住宿、餐饮、会务、观光游览、休闲度假等事务;

(四)其他旅游服务。

前款所列出境、签证手续等服务,应当由具备出境旅游业务经营权的旅行社代办。

第三条 《条例》第二条所称国内旅游业务,是指旅行社招徕、组织和接待中国内地居民在境内旅游的业务。

《条例》第二条所称入境旅游业务,是指旅行社招徕、组织、接待外国旅游者来我国旅游,香港特别行政区、澳门特别行政区旅游者来内地旅游,台湾地区居民来大陆旅游,以及招徕、组织、接待在中国内地的外国人,在内地的香港特别行政区、澳门特别行政区居民和在大陆的台湾地区居民在境内旅游的业务。

《条例》第二条所称出境旅游业务,是指旅行社招徕、组织、接待中国内地居民出国旅游,赴香港特别行政区、澳门特别行政区和台湾地区旅游,以及招徕、组织、接待在中国内地的外国人、在内地的香港特别行政区、澳门特别行政区居民和在大陆的台湾地区居民出境旅游的业务。

第四条 对旅行社及其分支机构的监督管理,县级以上旅游行政管理部门应当按照《条例》、本细则的规定和职责,实行分级管理和属地管理。

第五条 鼓励旅行社实行服务质量等级制度;鼓励旅行社向专业化、网络化、品牌化发展。

第二章 旅行社的设立与变更

第六条 旅行社的经营场所应当符合下列要求:

(一)申请者拥有产权的营业用房,或者申请者租用的、租期不少于1年的营业用房;

(二)营业用房应当满足申请者业务经营的需要。

第七条 旅行社的营业设施应当至少包括下列设施、设备:

(一)2部以上的直线固定电话;

(二)传真机、复印机;

(三)具备与旅游行政管理部门及其他旅游经营者联网条件的计算机。

第八条 申请设立旅行社,经营国内旅游业务和入境旅游业务的,应当向省、自治区、直辖市旅游行政管理部门(简称省级旅游行政管理部门,下同)提交下列文件:

(一)设立申请书。内容包括申请设立的旅行社的中英文名称及英文缩写,设立地址,企业形式、出资人、出资额和出资方式,申请人、受理申请部门的全称、申请书名称和申请的时间;

(二)法定代表人履历表及身份证明;

(三)企业章程;

(四)经营场所的证明;

(五)营业设施、设备的证明或者说明;

(六)工商行政管理部门出具的《企业法人营业执照》。

旅游行政管理部门应当根据《条例》第六条规定的最低注册资本限额要求,通过查看企业章程、在企业信用信息公示系统查询等方式,对旅行社认缴的出资额进行审查。

旅行社经营国内旅游业务和入境旅游业务的,《企业法人营业执照》的经营范围不得包括边境旅游业务、出境旅游业务;包括相关业务的,旅游行政管理部门应当告知申请人变更经营范围;申请人不予变更的,依法不予受理行政许可申请。

省级旅游行政管理部门可以委托设区的市(含州、盟,下同)级旅游行政管理部门,受理当事人的申请并作出许可或者不予许可的决定。

第九条 受理申请的旅游行政管理部门可以对申请人的经营场所、营业设施、设备进行现场检查,或者委托下级旅游行政管理部门检查。

第十条 旅行社申请出境旅游业务的,应当向国务院旅游行政主管部门提交经营旅行社业务满两年、且连续两年未因侵害旅游者合法权益受到行政机关罚款以上处罚的承诺书和经工商行政管理部门变更经营范围的《企业法人营业执照》。

旅行社取得出境旅游经营业务许可的,由国务院旅游行政主管部门换发旅行社业务经营许可证。

国务院旅游行政主管部门可以委托省级旅游行政管理部门受理旅行社经营出境旅游业务的申请,并作出许可或者不予许可的决定。

旅行社申请经营边境旅游业务的,适用《边境旅游暂行管理办法》的规定。

旅行社申请经营赴台湾地区旅游业务的,适用《大陆居民赴台湾地区旅游管理办法》的规定。

第十一条 旅行社因业务经营需要,可以向原许可的旅游行政管理部门申请核发旅行社业务经营许可证副本。

旅行社业务经营许可证及副本,由国务院旅游行政主管部门制定统一样式,国务院旅游行政主管部门和省级旅游行政管理部门分别印制。

旅行社业务经营许可证及副本损毁或者遗失的,旅行社应当向原许可的旅游行政管理部门申请换发或者补发。

申请补发旅行社业务经营许可证及副本的,旅行社应当通过本省、自治区、直辖市范围内公开发行的报刊,或者省级以上旅游行政管理部门网站,刊登损毁或者遗失作废声明。

第十二条 旅行社名称、经营场所、出资人、法定代表人等登记事项变更的，应当在办理变更登记后，持已变更的《企业法人营业执照》向原许可的旅游行政管理部门备案。

旅行社终止经营的，应当在办理注销手续后，持工商行政管理部门出具的注销文件，向原许可的旅游行政管理部门备案。

外商投资旅行社的，适用《条例》第三章的规定。未经批准，旅行社不得引进外商投资。

第十三条　国务院旅游行政主管部门指定的作为旅行社存入质量保证金的商业银行，应当提交具有下列内容的书面承诺：

（一）同意与存入质量保证金的旅行社签订符合本实施细则第十五条规定的协议；

（二）当县级以上旅游行政管理部门或者人民法院依据《条例》规定，划拨质量保证金后3个工作日内，将划拨情况及其数额，通知旅行社所在地的省级旅游行政管理部门，并提供县级以上旅游行政管理部门出具的划拨文件或者人民法院生效法律文书的复印件；

（三）非因《条例》规定的情形，出现质量保证金减少时，承担补足义务。

旅行社应当在国务院旅游行政主管部门指定银行的范围内，选择存入质量保证金的银行。

第十四条　旅行社在银行存入质量保证金的，应当设立独立账户，存期由旅行社确定，但不得少于1年。账户存期届满1个月前，旅行社应当办理续存手续或者提交银行担保。

第十五条　旅行社存入、续存、增存质量保证金后7个工作日内，应当向作出许可的旅游行政管理部门提交存入、续存、增存质量保证金的证明文件，以及旅行社与银行达成的使用质量保证金的协议。

前款协议应当包含下列内容：

（一）旅行社与银行双方同意依照《条例》规定使用质量保证金；

（二）旅行社与银行双方承诺，除依照县级以上旅游行政管理部门出具的划拨质量保证金，或者省级以上旅游行政管理部门出具的降低、退还质量保证金的文件，以及人民法院作出的认定旅行社损害旅游者合法权益的生效法律文书外，任何单位和个人不得动用质量保证金。

第十六条 旅行社符合《条例》第十七条降低质量保证金数额规定条件的，原许可的旅游行政管理部门应当根据旅行社的要求，在10个工作日内向其出具降低质量保证金数额的文件。

第十七条 旅行社按照《条例》第十八条规定补足质量保证金后7个工作日内，应当向原许可的旅游行政管理部门提交补足的证明文件。

第三章 旅行社的分支机构

第十八条 旅行社分社（简称分社，下同）及旅行社服务网点（简称服务网点，下同），不具有法人资格，以设立分社、服务网点的旅行社（简称设立社，下同）的名义从事《条例》规定的经营活动，其经营活动的责任和后果，由设立社承担。

第十九条 设立社向分社所在地工商行政管理部门办理分社设立登记后，应当持下列文件向分社所在地与工商登记同级的旅游行政管理部门备案：

（一）分社的《营业执照》；

（二）分社经理的履历表和身份证明；

（三）增存质量保证金的证明文件。

没有同级的旅游行政管理部门的，向上一级旅游行政管理部门备案。

第二十条 分社的经营场所、营业设施、设备，应当符合本实施细则第六条、第七条规定的要求。

分社的名称中应当包含设立社名称、分社所在地地名和“分社”或者“分公司”字样。

第二十一条 服务网点是指旅行社设立的，为旅行社招徕旅游者，并以旅行社的名义与旅游者签订旅游合同的门市部等机构。

设立社可以在其所在地的省、自治区、直辖市行政区划内设立服务网点；设立社在其所在地的省、自治区、直辖市行政区划外设立分社的，可以在该分社所在地设区的市的行政区划内设立服务网点。分社不得设立服务网点。

设立社不得在前款规定的区域范围外，设立服务网点。

第二十二条 服务网点应当设在方便旅游者认识和出入的公众场所。

服务网点的名称、标牌应当包括设立社名称、服务网点所在地地名等,不得含有使消费者误解为是旅行社或者分社的内容,也不得作易使消费者误解的简称。

服务网点应当在设立社的经营范围内,招徕旅游者、提供旅游咨询服务。

第二十三条 设立社向服务网点所在地工商行政管理部门办理服务网点设立登记后,应当在3个工作日内,持下列文件向服务网点所在地与工商登记同级的旅游行政管理部门备案:

(一)服务网点的《营业执照》;

(二)服务网点经理的履历表和身份证明。

没有同级的旅游行政管理部门的,向上一级旅游行政管理部门备案。

第二十四条 分社、服务网点备案后,受理备案的旅游行政管理部门应当向旅行社颁发《旅行社分社备案登记证明》或者《旅行社服务网点备案登记证明》。

第二十五条 设立社应当与分社、服务网点的员工,订立劳动合同。

设立社应当加强对分社和服务网点的管理,对分社实行统一的人事、财务、招徕、接待制度规范,对服务网点实行统一管理、统一财务、统一招徕和统一咨询服务规范。

第四章 旅行社经营规范

第二十六条 旅行社及其分社、服务网点,应当将《旅行社业务经营许可证》、《旅行社分社备案登记证明》或者《旅行社服务网点备案登记证明》,与营业执照一起,悬挂在经营场所的显要位置。

第二十七条 旅行社业务经营许可证不得转让、出租或者出借。

旅行社的下列行为属于转让、出租或者出借旅行社业务经营许可证的行为:

(一)除招徕旅游者和符合本实施细则第四十条第一款规定的接待旅

游者的情形外,准许或者默许其他企业、团体或者个人,以自己的名义从事旅行社业务经营活动的;

(二)准许其他企业、团体或者个人,以部门或者个人承包、挂靠的形式经营旅行社业务的。

第二十八条 旅行社设立的办事处、代表处或者联络处等办事机构,不得从事旅行社业务经营活动。

第二十九条 旅行社以互联网形式经营旅行社业务的,除符合法律、法规规定外,其网站首页应当载明旅行社的名称、法定代表人、许可证编号和业务经营范围,以及原许可的旅游行政管理部门的投诉电话。

第三十条 《条例》第二十六条规定的旅行社不得安排的活动,主要包括:

(一)含有损害国家利益和民族尊严内容的;

(二)含有民族、种族、宗教歧视内容的;

(三)含有淫秽、赌博、涉毒内容的;

(四)其他含有违反法律、法规规定内容的。

第三十一条 旅行社为组织旅游者出境旅游委派的领队,应当具备下列条件:

(一)取得导游证;

(二)具有大专以上学历;

(三)取得相关语言水平测试等级证书或通过外语语种导游资格考试,但为赴港澳台地区旅游委派的领队除外;

(四)具有两年以上旅行社业务经营、管理或者导游等相关从业经历;

(五)与委派其从事领队业务的取得出境旅游业务经营许可的旅行社订立劳动合同。

赴台旅游领队还应当符合《大陆居民赴台湾地区旅游管理办法》规定的要求。

第三十二条 旅行社应当将本单位领队信息及变更情况,报所在地设区的市级旅游行政管理部门备案。领队备案信息包括:身份信息、导游证号、学历、语种、语言等级(外语导游)、从业经历、所在旅行社、旅行社社会保险登记证号等。

第三十三条 领队从事领队业务,应当接受与其订立劳动合同的取得出境旅游业务许可的旅行社委派,并携带导游证、佩戴导游身份标识。

第三十四条 领队应当协助旅游者办理出入境手续,协调、监督境外地接社及从业人员履行合同,维护旅游者的合法权益。

第三十五条 不具备领队条件的,不得从事领队业务。

领队不得委托他人代为提供领队服务。

第三十六条 旅行社委派的领队,应当掌握相关旅游目的地国家(地区)语言或者英语。

第三十七条 《条例》第三十四条所规定的旅行社不得要求导游人员和领队人员承担接待旅游团队的相关费用,主要包括:

(一)垫付旅游接待费用;

(二)为接待旅游团队向旅行社支付费用;

(三)其他不合理费用。

第三十八条 旅行社招徕、组织、接待旅游者,其选择的交通、住宿、餐饮、景区等企业,应当符合具有合法经营资格和接待服务能力的要求。

第三十九条 在签订旅游合同时,旅行社不得要求旅游者必须参加旅行社安排的购物活动或者需要旅游者另行付费的旅游项目。

同一旅游团队中,旅行社不得由于下列因素,提出与其他旅游者不同的合同事项:

(一)旅游者拒绝参加旅行社安排的购物活动或者需要旅游者另行付费的旅游项目的;

(二)旅游者存在的年龄或者职业上的差异。但旅行社提供了与其他旅游者相比更多的服务,或者旅游者主动要求的除外。

第四十条 旅行社需要将在旅游目的地接待旅游者的业务作出委托的,应当按照《条例》第三十六条的规定,委托给旅游目的地的旅行社并签订委托接待合同。

旅行社对接待旅游者的业务作出委托的,应当按照《条例》第三十六条的规定,将旅游目的地接受委托的旅行社的名称、地址、联系人和联系电话,告知旅游者。

第四十一条 旅游行程开始前,当发生约定的解除旅游合同的情形时,经征得旅游者的同意,旅行社可以将旅游者推荐给其他旅行社组织、接待,并由旅游者与被推荐的旅行社签订旅游合同。

未经旅游者同意的,旅行社不得将旅游者转交给其他旅行社组织、接待。

第四十二条 旅行社及其委派的导游人员和领队人员的下列行为,属于擅自改变旅游合同安排行程:

(一)减少游览项目或者缩短游览时间的;

(二)增加或者变更旅游项目的;

(三)增加购物次数或者延长购物时间的;

(四)其他擅自改变旅游合同安排的行为。

第四十三条 在旅游行程中,当发生不可抗力、危及旅游者人身、财产安全,或者非旅行社责任造成的意外情形,旅行社不得不调整或者变更旅游合同约定的行程安排时,应当在事前向旅游者作出说明;确因客观情况无法在事前说明的,应当在事后作出说明。

第四十四条 在旅游行程中,旅游者有权拒绝参加旅行社在旅游合同之外安排的购物活动或者需要旅游者另行付费的旅游项目。

旅行社及其委派的导游人员和领队人员不得因旅游者拒绝参加旅行社安排的购物活动或者需要旅游者另行付费的旅游项目等情形,以任何借口、理由,拒绝继续履行合同、提供服务,或者以拒绝继续履行合同、提供服务相威胁。

第四十五条 旅行社及其委派的导游人员、领队人员,应当对其提供的服务可能危及旅游者人身、财物安全的事项,向旅游者作出真实的说明和明确的警示。

在旅游行程中的自由活动时间,旅游者应当选择自己能够控制风险的活动项目,并在自己能够控制风险的范围内活动。

第四十六条 为减少自然灾害等意外风险给旅游者带来的损害,旅行社在招徕、接待旅游者时,可以提示旅游者购买旅游意外保险。

鼓励旅行社依法取得保险代理资格,并接受保险公司的委托,为旅游者提供购买人身意外伤害保险的服务。

第四十七条 发生出境旅游者非法滞留境外或者入境旅游者非法滞

留境内的，旅行社应当立即向所在地县级以上旅游行政管理部门、公安机关和外事部门报告。

第四十八条　在旅游行程中，旅行社及其委派的导游人员、领队人员应当提示旅游者遵守文明旅游公约和礼仪。

第四十九条　旅行社及其委派的导游人员、领队人员在经营、服务中享有下列权利：

（一）要求旅游者如实提供旅游所必需的个人信息，按时提交相关证明文件；

（二）要求旅游者遵守旅游合同约定的旅游行程安排，妥善保管随身物品；

（三）出现突发公共事件或者其他危急情形，以及旅行社因违反旅游合同约定采取补救措施时，要求旅游者配合处理防止扩大损失，以将损失降低到最低程度；

（四）拒绝旅游者提出的超出旅游合同约定的不合理要求；

（五）制止旅游者违背旅游目的地的法律、风俗习惯的言行。

第五十条　旅行社应当妥善保存《条例》规定的招徕、组织、接待旅游者的各类合同及相关文件、资料，以备县级以上旅游行政管理部门核查。

前款所称的合同及文件、资料的保存期，应当不少于两年。

旅行社不得向其他经营者或者个人，泄露旅游者因签订旅游合同提供的个人信息；超过保存期限的旅游者个人信息资料，应当妥善销毁。

第五章　监督检查

第五十一条　根据《条例》和本实施细则规定，受理旅行社申请或者备案的旅游行政管理部门，可以要求申请人或者旅行社，对申请设立旅行社、办理《条例》规定的备案时提交的证明文件、材料的原件，提供复印件并盖章确认，交由旅游行政管理部门留存。

第五十二条　县级以上旅游行政管理部门对旅行社及其分支机构实施监督检查时，可以进入其经营场所，查阅招徕、组织、接待旅游者的各类合同、相关文件、资料，以及财务账簿、交易记录和业务单据等材料，旅行社及其分支机构应当给予配合。

县级以上旅游行政管理部门对旅行社及其分支机构监督检查时，应当由两名以上持有旅游行政执法证件的执法人员进行。

不符合前款规定要求的，旅行社及其分支机构有权拒绝检查。

第五十三条 旅行社应当按年度将下列经营和财务信息等统计资料，在次年4月15日前，报送原许可的旅游行政管理部门：

（一）旅行社的基本情况，包括企业形式、出资人、员工人数、部门设置、分支机构、网络体系等；

（二）旅行社的经营情况，包括营业收入、利税等；

（三）旅行社组织接待情况，包括国内旅游、入境旅游、出境旅游的组织、接待人数等；

（四）旅行社安全、质量、信誉情况，包括投保旅行社责任保险、认证认可和奖惩等。

对前款资料中涉及旅行社商业秘密的内容，旅游行政管理部门应当予以保密。

第五十四条 《条例》第十七条、第四十二条规定的各项公告，县级以上旅游行政管理部门应当通过本部门或者上级旅游行政管理部门的政府网站向社会发布。

质量保证金存缴数额降低、旅行社业务经营许可证的颁发、变更和注销的，国务院旅游行政主管部门或者省级旅游行政管理部门应当在作出许可决定或者备案后20个工作日内向社会公告。

旅行社违法经营或者被吊销旅行社业务经营许可证的，由作出行政处罚决定的旅游行政管理部门，在处罚生效后10个工作日内向社会公告。

旅游者对旅行社的投诉信息，由处理投诉的旅游行政管理部门每季度向社会公告。

第五十五条 因下列情形之一，给旅游者的合法权益造成损害的，旅游者有权向县级以上旅游行政管理部门投诉：

（一）旅行社违反《条例》和本实施细则规定的；

（二）旅行社提供的服务，未达到旅游合同约定的服务标准或者档次的；

（三）旅行社破产或者其他原因造成旅游者预交旅游费用损失的。

划拨旅行社质量保证金的决定，应当由旅行社或者其分社所在地处理旅游者投诉的县级以上旅游行政管理部门作出。

第五十六条 县级以上旅游行政管理部门，可以在其法定权限内，委托符合法定条件的同级旅游质监执法机构实施监督检查。

第六章 法律责任

第五十七条 违反本实施细则第十二条第三款、第二十三条、第二十六条的规定，擅自引进外商投资、设立服务网点未在规定期限内备案，或者旅行社及其分社、服务网点未悬挂旅行社业务经营许可证、备案登记证明的，由县级以上旅游行政管理部门责令改正，可以处1万元以下的罚款。

第五十八条 违反本实施细则第二十二条第三款、第二十八条的规定，服务网点超出设立社经营范围招徕旅游者、提供旅游咨询服务，或者旅行社的办事处、联络处、代表处等从事旅行社业务经营活动的，由县级以上旅游行政管理部门依照《条例》第四十六条的规定处罚。

第五十九条 违反本实施细则第三十五条第二款的规定，领队委托他人代为提供领队服务，由县级以上旅游行政管理部门责令改正，可以处1万元以下的罚款。

第六十条 违反本实施细则第三十八条的规定，旅行社为接待旅游者选择的交通、住宿、餐饮、景区等企业，不具有合法经营资格或者接待服务能力的，由县级以上旅游行政管理部门责令改正，没收违法所得，处违法所得3倍以下但最高不超过3万元的罚款，没有违法所得的，处1万元以下的罚款。

第六十一条 违反本实施细则第三十九条的规定，要求旅游者必须参加旅行社安排的购物活动、需要旅游者另行付费的旅游项目，或者对同一旅游团队的旅游者提出与其他旅游者不同合同事项的，由县级以上旅游行政管理部门责令改正，处1万元以下的罚款。

第六十二条 违反本实施细则第四十条第二款的规定，旅行社未将旅游目的地接待旅行社的情况告知旅游者的，由县级以上旅游行政管理部门依照《条例》第五十五条的规定处罚。

第六十三条 违反本实施细则第四十一条第二款的规定，旅行社未经旅游者的同意，将旅游者转交给其他旅行社组织、接待的，由县级以上旅游行政管理部门依照《条例》第五十五条的规定处罚。

第六十四条 违反本实施细则第四十四条第二款的规定，旅行社及其导游人员和领队人员拒绝继续履行合同、提供服务，或者以拒绝继续履行合同、提供服务相威胁的，由县级以上旅游行政管理部门依照《条例》第五十九条的规定处罚。

第六十五条 违反本实施细则第五十条的规定，未妥善保存各类旅游合同及相关文件、资料，保存期不够两年，或者泄露旅游者个人信息的，由县级以上旅游行政管理部门责令改正，没收违法所得，处违法所得 3 倍以下但最高不超过 3 万元的罚款；没有违法所得的，处 1 万元以下的罚款。

第六十六条 对旅行社作出停业整顿行政处罚的，旅行社在停业整顿期间，不得招徕旅游者、签订旅游合同；停业整顿期间，不影响已签订的旅游合同的履行。

第七章 附 则

第六十七条 本实施细则由国务院旅游行政主管部门负责解释。

第六十八条 本实施细则自 2009 年 5 月 3 日起施行。2001 年 12 月 27 日国家旅游局公布的《旅行社管理条例实施细则》同时废止。

旅行社责任保险管理办法

（2010年11月25日国家旅游局、中国保险监督管理委员会令
第35号公布 自2011年2月1日起施行）

第一章 总 则

第一条 为保障旅游者的合法权益，根据《中华人民共和国保险法》和《旅行社条例》，制定本办法。

第二条 在中华人民共和国境内依法设立的旅行社，应当依照《旅行社条例》和本办法的规定，投保旅行社责任保险。

本办法所称旅行社责任保险，是指以旅行社因其组织的旅游活动对旅游者和受其委派并为旅游者提供服务的导游或者领队人员依法应当承担的赔偿责任为保险标的的保险。

第三条 投保旅行社责任保险的旅行社和承保旅行社责任保险的保险公司，应当遵守本办法。

第二章 投 保

第四条 旅行社责任保险的保险责任，应当包括旅行社在组织旅游活动中依法对旅游者的人身伤亡、财产损失承担的赔偿责任和依法对受旅行社委派并为旅游者提供服务的导游或者领队人员的人身伤亡承担的赔偿责任。

具体包括下列情形：

（一）因旅行社疏忽或过失应当承担赔偿责任的；

（二）因发生意外事故旅行社应当承担赔偿责任的；

（三）国家旅游局会同中国保险监督管理委员会（以下简称中国保监会）规定的其他情形。

第五条 中国保监会及其派出机构依法对旅行社责任保险的保险条款和保险费率进行管理。

第六条 旅行社责任保险的保险费率应当遵循市场化原则，并与旅行社经营风险相匹配。

第七条 旅行社投保旅行社责任保险的，应当与保险公司依法订立书面旅行社责任保险合同（以下简称保险合同）。

第八条 旅行社与保险公司订立保险合同时，双方应当依照《中华人民共和国保险法》的有关规定履行告知和说明义务。

第九条 订立保险合同时，保险公司不得强制旅行社投保其他商业保险。

第十条 保险合同成立后，旅行社按照约定交付保险费。保险公司应当及时向旅行社签发保险单或者其他保险凭证，并在保险单或者其他保险凭证中载明当事人双方约定的合同内容，同时按照约定的时间开始承担保险责任。

第十一条 保险合同成立后，除符合《中华人民共和国保险法》规定的情形外，保险公司不得解除保险合同。

第十二条 保险合同成立后，旅行社要解除保险合同的，应当同时订立新的保险合同，并书面通知所在地县级以上旅游行政管理部门，但因旅行社业务经营许可证被依法吊销或注销而解除合同的除外。

第十三条 保险合同解除的，保险公司应当收回保险单，并书面通知旅行社所在地县级以上旅游行政管理部门。

第十四条 旅行社的名称、法定代表人或者业务经营范围等重要事项变更时，应当及时通知保险公司。必要时应当依法办理保险合同变更手续。

第十五条 旅行社责任保险的保险期间为1年。

第十六条 旅行社应当在保险合同期满前及时续保。

第十七条　旅行社投保旅行社责任保险，可以依法自主投保，也可以有组织统一投保。

第三章　赔　　偿

第十八条　旅行社在组织旅游活动中发生本办法第四条所列情形的，保险公司依法根据保险合同约定，在旅行社责任保险责任限额内予以赔偿。

责任限额可以根据旅行社业务经营范围、经营规模、风险管控能力、当地经济社会发展水平和旅行社自身需要，由旅行社与保险公司协商确定，但每人人身伤亡责任限额不得低于 20 万元人民币。

第十九条　旅行社组织的旅游活动中发生保险事故，旅行社或者受害的旅游者、导游、领队人员通知保险公司的，保险公司应当及时告知具体的赔偿程序等有关事项。

第二十条　保险事故发生后，旅行社按照保险合同请求保险公司赔偿保险金时，应当向保险公司提供其所能提供的与确认保险事故的性质、原因、损失程度等有关的证明和资料。

保险公司按照保险合同的约定，认为有关的证明和资料不完整的，应当及时一次性通知旅行社补充提供。

旅行社对旅游者、导游或者领队人员应负的赔偿责任确定的，根据旅行社的请求，保险公司应当直接向受害的旅游者、导游或者领队人员赔偿保险金。旅行社怠于请求的，受害的旅游者、导游或者领队人员有权就其应获赔偿部分直接向保险公司请求赔偿保险金。

第二十一条　保险公司收到赔偿保险金的请求和相关证明、资料后，应当及时做出核定；情形复杂的，应当在 30 日内作出核定，但合同另有约定的除外。保险公司应当将核定结果通知旅行社以及受害的旅游者、导游、领队人员；对属于保险责任的，在与旅行社达成赔偿保险金的协议后 10 日内，履行赔偿保险金义务。

第二十二条　因抢救受伤人员需要保险公司先行赔偿保险金用于支付抢救费用的，保险公司在接到旅行社或者受害的旅游者、导游、领队人员通知后，经核对属于保险责任的，可以在责任限额内先向医疗机构支付必要的费用。

第二十三条　因第三者损害而造成保险事故的，保险公司自直接赔偿保险金或者先行支付抢救费用之日起，在赔偿、支付金额范围内代位行使对第三者请求赔偿的权利。旅行社以及受害的旅游者、导游或者领队人员应当向保险公司提供必要的文件和所知道的有关情况。

第二十四条　旅行社与保险公司对赔偿有争议的，可以按照双方的约定申请仲裁，或者依法向人民法院提起诉讼。

第二十五条　保险公司的工作人员对当事人的个人隐私应当保密。

第四章　监 督 检 查

第二十六条　县级以上旅游行政管理部门依法对旅行社投保旅行社责任保险情况实施监督检查。

第二十七条　中国保监会及其派出机构依法对保险公司开展旅行社责任保险业务实施监督管理。

第五章　罚　　则

第二十八条　违反本办法第十二条、第十六条、第十八条的规定，旅行社解除保险合同但未同时订立新的保险合同，保险合同期满前未及时续保，或者人身伤亡责任限额低于20万元人民币的，由县级以上旅游行政管理部门依照《旅行社条例》第四十九条的规定处罚。

第二十九条　保险公司经营旅行社责任保险，违反有关保险条款和保险费率管理规定的，由中国保监会或者其派出机构依照《中华人民共和国保险法》和中国保监会的有关规定予以处罚。

第三十条　保险公司拒绝或者妨碍依法检查监督的，由中国保监会或者其派出机构依照《中华人民共和国保险法》的有关规定予以处罚。

第六章 附 则

第三十一条 本办法由国家旅游局和中国保监会负责解释。

第三十二条 本办法自 2011 年 2 月 1 日起施行。国家旅游局 2001 年 5 月 15 日发布的《旅行社投保旅行社责任保险规定》同时废止。

旅游投诉处理办法

(2010 年 5 月 5 日国家旅游局令第 32 号公布
自 2010 年 7 月 1 日起施行)

第一章 总 则

第一条 为了维护旅游者和旅游经营者的合法权益,依法公正处理旅游投诉,依据《中华人民共和国消费者权益保护法》、《旅行社条例》、《导游人员管理条例》和《中国公民出国旅游管理办法》等法律、法规,制定本办法。

第二条 本办法所称旅游投诉,是指旅游者认为旅游经营者损害其合法权益,请求旅游行政管理部门、旅游质量监督管理机构或者旅游执法机构(以下统称“旅游投诉处理机构”),对双方发生的民事争议进行处理的行为。

第三条 旅游投诉处理机构应当在其职责范围内处理旅游投诉。

地方各级旅游行政主管部门应当在本级人民政府的领导下,建立、健全相关行政管理部门共同处理旅游投诉的工作机制。

第四条　旅游投诉处理机构在处理旅游投诉中，发现被投诉人或者其从业人员有违法或犯罪行为的，应当按照法律、法规和规章的规定，作出行政处罚、向有关行政管理部门提出行政处罚建议或者移送司法机关。

第二章　管　　辖

第五条　旅游投诉由旅游合同签订地或者被投诉人所在地县级以上地方旅游投诉处理机构管辖。

需要立即制止、纠正被投诉人的损害行为的，应当由损害行为发生地旅游投诉处理机构管辖。

第六条　上级旅游投诉处理机构有权处理下级旅游投诉处理机构管辖的投诉案件。

第七条　发生管辖争议的，旅游投诉处理机构可以协商确定，或者报请共同的上级旅游投诉处理机构指定管辖。

第三章　受　　理

第八条　投诉人可以就下列事项向旅游投诉处理机构投诉：

（一）认为旅游经营者违反合同约定的；

（二）因旅游经营者的责任致使投诉人人身、财产受到损害的；

（三）因不可抗力、意外事故致使旅游合同不能履行或者不能完全履行，投诉人与被投诉人发生争议的；

（四）其他损害旅游者合法权益的。

第九条　下列情形不予受理：

（一）人民法院、仲裁机构、其他行政管理部门或者社会调解机构已经受理或者处理的；

（二）旅游投诉处理机构已经作出处理，且没有新情况、新理由的；

（三）不属于旅游投诉处理机构职责范围或者管辖范围的；

（四）超过旅游合同结束之日 90 天的；

（五）不符合本办法第十条规定的旅游投诉条件的；

（六）本办法规定情形之外的其他经济纠纷。

属于前款第（三）项规定的情形的，旅游投诉处理机构应当及时告知投诉人向有管辖权的旅游投诉处理机构或者有关行政管理部门投诉。

第十条　旅游投诉应当符合下列条件：

（一）投诉人与投诉事项有直接利害关系；

（二）有明确的被投诉人、具体的投诉请求、事实和理由。

第十一条　旅游投诉一般应当采取书面形式，一式两份，并载明下列事项：

（一）投诉人的姓名、性别、国籍、通讯地址、邮政编码、联系电话及投诉日期；

（二）被投诉人的名称、所在地；

（三）投诉的要求、理由及相关的事实根据。

第十二条　投诉事项比较简单的，投诉人可以口头投诉，由旅游投诉处理机构进行记录或者登记，并告知被投诉人；对于不符合受理条件的投诉，旅游投诉处理机构可以口头告知投诉人不予受理及其理由，并进行记录或者登记。

第十三条　投诉人委托代理人进行投诉活动的，应当向旅游投诉处理机构提交授权委托书，并载明委托权限。

第十四条　投诉人4人以上，以同一事由投诉同一被投诉人的，为共同投诉。

共同投诉可以由投诉人推选1至3名代表进行投诉。代表人参加旅游投诉处理机构处理投诉过程的行为，对全体投诉人发生效力，但代表人变更、放弃投诉请求或者进行和解，应当经全体投诉人同意。

第十五条　旅游投诉处理机构接到投诉，应当在5个工作日内作出以下处理：

（一）投诉符合本办法的，予以受理；

（二）投诉不符合本办法的，应当向投诉人送达《旅游投诉不予受理通知书》，告知不予受理的理由；

（三）依照有关法律、法规和本办法规定，本机构无管辖权的，应当以《旅游投诉转办通知书》或者《旅游投诉转办函》，将投诉材料转交有管辖权的旅游投诉处理机构或者其他有关行政管理部门，并书面告知投诉人。

第四章 处 理

第十六条 旅游投诉处理机构处理旅游投诉，除本办法另有规定外，实行调解制度。

旅游投诉处理机构应当在查明事实的基础上，遵循自愿、合法的原则进行调解，促使投诉人与被投诉人相互谅解，达成协议。

第十七条 旅游投诉处理机构处理旅游投诉，应当立案办理，填写《旅游投诉立案表》，并附有关投诉材料，在受理投诉之日起5个工作日内，将《旅游投诉受理通知书》和投诉书副本送达被投诉人。

对于事实清楚、应当即时制止或者纠正被投诉人损害行为的，可以不填写《旅游投诉立案表》和向被投诉人送达《旅游投诉受理通知书》，但应当对处理情况进行记录存档。

第十八条 被投诉人应当在接到通知之日起10日内作出书面答复，提出答辩的事实、理由和证据。

第十九条 投诉人和被投诉人应当对自己的投诉或者答辩提供证据。

第二十条 旅游投诉处理机构应当对双方当事人提出的事实、理由及证据进行审查。

旅游投诉处理机构认为有必要收集新的证据，可以根据有关法律、法规的规定，自行收集或者召集有关当事人进行调查。

第二十一条 需要委托其他旅游投诉处理机构协助调查、取证的，应当出具《旅游投诉调查取证委托书》，受委托的旅游投诉处理机构应当予以协助。

第二十二条 对专门性事项需要鉴定或者检测的，可以由当事人双方约定的鉴定或者检测部门鉴定。没有约定的，当事人一方可以自行向法定鉴定或者检测机构申请鉴定或者检测。

鉴定、检测费用按双方约定承担。没有约定的，由鉴定、检测申请方先行承担；达成调解协议后，按调解协议承担。

鉴定、检测的时间不计入投诉处理时间。

第二十三条 在投诉处理过程中,投诉人与被投诉人自行和解的,应当将和解结果告知旅游投诉处理机构;旅游投诉处理机构在核实后应当予以记录并由双方当事人、投诉处理人员签名或者盖章。

第二十四条 旅游投诉处理机构受理投诉后,应当积极安排当事双方进行调解,提出调解方案,促成双方达成调解协议。

第二十五条 旅游投诉处理机构应当在受理旅游投诉之日起60日内,作出以下处理:

(一)双方达成调解协议的,应当制作《旅游投诉调解书》,载明投诉请求、查明的事实、处理过程和调解结果,由当事人双方签字并加盖旅游投诉处理机构印章;

(二)调解不成的,终止调解,旅游投诉处理机构应当向双方当事人出具《旅游投诉终止调解书》。

调解不成的,或者调解书生效后没有执行的,投诉人可以按照国家法律、法规的规定,向仲裁机构申请仲裁或者向人民法院提起诉讼。

第二十六条 在下列情形下,经旅游投诉处理机构调解,投诉人与旅行社不能达成调解协议的,旅游投诉处理机构应当做出划拨旅行社质量保证金赔偿的决定,或向旅游行政管理部门提出划拨旅行社质量保证金的建议:

(一)旅行社因解散、破产或者其他原因造成旅游者预交旅游费用损失的;

(二)因旅行社中止履行旅游合同义务、造成旅游者滞留,而实际发生了交通、食宿或返程等必要及合理费用的。

第二十七条 旅游投诉处理机构应当每季度公布旅游者的投诉信息。

第二十八条 旅游投诉处理机构应当使用统一规范的旅游投诉处理信息系统。

第二十九条 旅游投诉处理机构应当为受理的投诉制作档案并妥善保管相关资料。

第三十条 本办法中有关文书式样,由国家旅游局统一制定。

第五章 附　　则

第三十一条 本办法由国家旅游局负责解释。

第三十二条 本办法自2010年7月1日起施行。《旅行社质量保证金暂行规定》、《旅行社质量保证金暂行规定实施细则》、《旅行社质量保证金赔偿暂行办法》同时废止。

旅游行政处罚办法

(2013年5月12日国家旅游局令第38号公布
自2013年10月1日起施行)

第一章 总　　则

第一条 为规范旅游行政处罚行为,维护旅游市场秩序,保护旅游者、旅游经营者和旅游从业人员的合法权益,根据《中华人民共和国行政处罚法》、《中华人民共和国行政强制法》、《中华人民共和国旅游法》及有关法律、法规,制定本办法。

第二条 旅游行政处罚的实施和监督,应当遵守《中华人民共和国行政处罚法》、《中华人民共和国行政强制法》、《中华人民共和国旅游法》及有关法律、法规和本办法的规定。

第三条 实施旅游行政处罚,应当遵循合法合理、公正公开、处罚与教育相结合的原则。

第四条 旅游行政处罚的种类包括:

(一)警告;

(二)罚款;

(三)没收违法所得;

(四)暂停或者取消出国(境)旅游业务经营资格;

(五)责令停业整顿;

(六)暂扣或者吊销导游证、领队证;

(七)吊销旅行社业务经营许可证;

(八)法律、行政法规规定的其他种类。

第五条 县级以上人民政府组织旅游主管部门、有关主管部门和工商行政管理、产品质量监督、交通等执法部门对相关旅游经营行为实施监督检查。

县级以上旅游主管部门应当在同级人民政府的组织和领导下,加强与相关部门的执法协作和联合检查。

县级以上地方旅游主管部门应当逐步建立跨地区协同执法机制,加强执法协作,共享旅游违法行为查处信息,配合、协助其他地区旅游主管部门依法对本地区旅游经营者和从业人员实施的行政处罚。

第六条 对在行政处罚中获取的涉及相对人商业秘密或者个人隐私的内容,旅游主管部门及其执法人员应当予以保密。

第七条 除涉及国家秘密、商业秘密和个人隐私外,行政处罚结果应当向社会公开。

第二章 旅游行政处罚的实施主体与管辖

第八条 县级以上旅游主管部门应当在法定职权范围内实施行政处罚。

法律、法规授权从事旅游执法的机构,应当在法定授权范围内以自己的名义实施行政处罚,并对该行为的后果独立承担法律责任。

第九条 旅游主管部门可以在其法定职权范围内委托符合法定条件的旅游质监执法机构实施行政处罚,并对该行为的后果承担法律责任。受委托机构在委托范围内,以作出委托的旅游主管部门的名义实施行政处罚。

旅游主管部门委托实施行政处罚的，应当与受委托机构签订书面委托书，载明受委托机构名称、委托的依据、事项、权限和责任等内容，报上一级旅游主管部门备案，并将受委托机构名称、委托权限和事项向社会公示。

委托实施行政处罚，可以设定委托期限。

第十条 县级以上旅游主管部门应当加强行政执法队伍建设，强化对执法人员的教育和培训，全面提高执法人员素质。

国家旅游局执法人员应当取得本局颁发的行政执法证件；县级以上地方旅游主管部门的执法人员应当取得县级以上地方人民政府颁发的行政执法证件。

第十一条 旅游行政处罚由违法行为发生地的县级以上地方旅游主管部门管辖。

旅行社组织境内旅游，旅游主管部门在查处地接社的违法行为时，发现组团社有其他违法行为的，应当将有关材料或其副本送组团社所在地县级以上地方旅游主管部门。旅行社组织出境旅游违法行为的处罚，由组团社所在地县级以上地方旅游主管部门管辖。

第十二条 国家旅游局负责查处在全国范围内有重大影响的案件。

省、自治区、直辖市旅游主管部门负责查处本地区内重大、复杂的案件。

设区的市级和县级旅游主管部门的管辖权限，由省、自治区、直辖市旅游主管部门确定。

吊销旅行社业务经营许可证、导游证、领队证或者取消出国(境)旅游业务经营资格的行政处罚，由设区的市级以上旅游主管部门作出。

第十三条 旅游主管部门发现已立案的案件不属于自己管辖的，应当在10日内移送有管辖权的旅游主管部门或者其他部门处理。接受移送的旅游主管部门认为案件不属于本部门管辖的，应当报上级旅游主管部门指定管辖，不得再自行移送。

违法行为构成犯罪的，应当按照《行政执法机关移送涉嫌犯罪案件的规定》，将案件移送司法机关，不得以行政处罚代替刑事处罚。

第十四条 两个以上旅游主管部门都有管辖权的行政处罚案件,由最先立案的旅游主管部门管辖,或者由相关旅游主管部门协商;协商不成的,报共同的上级旅游主管部门指定管辖。

第十五条 上级旅游主管部门有权查处下级旅游主管部门管辖的案件,也可以把自己管辖的案件移交下级旅游主管部门查处。

下级旅游主管部门对其管辖的案件,认为需要由上级旅游主管部门查处的,可以报请上级旅游主管部门决定。

第三章 旅游行政处罚的适用

第十六条 国家旅游局逐步建立、完善旅游行政裁量权指导标准。各级旅游主管部门行使旅游行政处罚裁量权应当综合考虑下列情节:

(一)违法行为的具体方式、手段、程度或者次数;

(二)违法行为危害的对象或者所造成的危害后果;

(三)当事人改正违法行为的态度、措施和效果;

(四)当事人的主观过错程度。

旅游主管部门实施处罚时,对性质相同、情节相近、危害后果基本相当、违法主体类同的违法行为,处罚种类及处罚幅度应当基本一致。

第十七条 当事人的同一违法行为同时违反两个以上法律、法规或者规章规定的,效力高的优先适用。

法律、法规、规章规定两种以上处罚可以单处或者并处的,可以选择适用;规定应当并处的,不得选择适用。

对当事人的同一违法行为,不得给予两次以上罚款的行政处罚。

第十八条 违法行为轻微并及时纠正,且没有造成危害后果的,不予处罚。违法行为在2年内未被发现的,不再给予行政处罚,但法律另有规定的除外。

第十九条 有下列情形之一的,应当从轻或者减轻处罚:

(一)主动消除或者减轻违法行为危害后果的;

(二)受他人胁迫实施违法行为的;

(三)配合行政机关查处违法行为有立功表现的;

（四）其他依法应当从轻或者减轻处罚的情形。

第二十条　执法人员在现场检查中发现违法行为或者实施行政处罚时，应当责令当事人立即改正违法行为。不能立即改正的，应当责令限期改正，限期改正期限一般不得超过15日，改正期间当事人应当停止相关违法行为。

责令改正应当以书面形式作出，可以一并列入行政处罚决定书。单独出具责令改正通知书的，应当说明违法行为的事实，以及责令改正的依据、期限、要求。

第四章　旅游行政处罚的一般程序

第一节　立案和调查

第二十一条　旅游主管部门在监督检查、接到举报、处理投诉或者接受移送、交办的案件，发现当事人的行为涉嫌违反旅游法律、法规、规章时，对符合下列条件的，应当在7个工作日内立案：

（一）对该行为可能作出行政处罚的；

（二）属于本部门管辖的；

（三）违法行为未过追责时效的。

立案应当经案件承办机构或者旅游主管部门负责人批准。

案件情况复杂的，经承办机构负责人批准，立案时间可以延长至14个工作日内。

第二十二条　旅游主管部门对不符合立案条件的，不予立案；立案后发现不符合立案条件的，应当撤销立案。

对实名投诉、举报不予立案或者撤销立案的，应当告知投诉人、举报人，并说明理由。

第二十三条　在现场检查中发现旅游违法行为时，认为证据以后难以取得的，可以先行调查取证，并在10日内决定是否立案和补办立案手续。

第二十四条　对已经立案的案件，案件承办机构应当指定两名以上的执法人员承办,及时组织调查取证。

第二十五条 执法人员有下列情形之一的,应当自行回避,当事人及其代理人也有权申请其回避:

(一)是本案当事人或者其近亲属的;

(二)本人或者其近亲属与本案有直接利害关系的;

(三)与当事人有其他关系,可能影响公正执法的。

第二十六条 需要委托其他旅游主管部门协助调查取证的,应当出具书面委托调查函。受委托的旅游主管部门应当予以协助;有正当理由确实无法协助的,应当及时函告。

第二十七条 执法人员在调查、检查时,有权采取下列措施:

(一)进入有关场所进行检查、勘验、先行登记保存证据、录音、拍照、录像;

(二)询问当事人及有关人员,要求其说明相关事项和提供有关材料;

(三)查阅、复制经营记录和其他有关材料。

第二十八条 执法人员在调查、检查时,应当遵守下列规定:

(一)不得少于两人;

(二)佩戴执法标志,并向当事人或者有关人员出示执法证件;

(三)全面、客观、及时、公正地调查违法事实、违法情节和危害后果等情况;

(四)询问当事人时,应当告知其依法享有的权利;

(五)依法收集与案件有关的证据,不得以诱导、欺骗等违法手段获取证据;

(六)如实记录当事人、证人或者其他有关人员的陈述;

(七)除必要情况外,应当避免延误团队旅游行程。

第二十九条 旅游行政处罚的证据包括当事人的陈述和辩解、证人证言、现场笔录、勘验笔录、询问笔录、听证笔录、鉴定意见、视听资料、电子数据和书证、物证等。

据以认定事实的证据,应当合法取得,并经查证属实。

旅游主管部门办理移送或者指定管辖的案件,应当对原案件办理部门依法取得的证据进行核实。

第三十条 执法人员现场检查、勘验时，应当通知当事人到场，可以采取拍照、录像或者其他方式记录现场情况，并制作笔录，载明时间、地点和事件等内容。无法找到当事人、当事人拒绝到场或者在笔录上签名、盖章的，应当注明原因。有其亲属、所在单位人员或者基层组织人员等其他人在现场的，可由其他人签名。

第三十一条 执法人员询问当事人和有关人员时，应当单独进行，并制作询问笔录，由执法人员、被询问人、陈述人、谈话人签名或者盖章。一份询问笔录只能对应一个被询问人、陈述人或者谈话人。

第三十二条 执法人员应当收集、调取与案件有关的书证、物证、视听资料和电子数据等原始凭证作为证据，调取原始证据确有困难的，可以提取相应的复印件、复制件、照片、节录本或者录像。

书证应当经核对与原件无误，注明出证日期和证据出处，由证据提供人和执法人员签名或者盖章；证据提供人拒绝签名或者盖章的，应当注明原因。

第三十三条 在证据可能灭失或者以后难以取得的情况下，经旅游主管部门负责人批准，执法人员可以采取先行登记保存措施，并移转保存。执法人员难以保存或者无须移转的，可以就地保存。

情况紧急的，执法人员可以先采取登记保存措施，再报请旅游主管部门负责人批准。

先行登记保存有关证据，应当当场出具先行登记保存证据决定书，载明先行登记保存证据的名称、单位、数量以及保存地点、时间、要求等内容，送达当事人。

第三十四条 对于先行登记保存的证据，应当在7日内采取下列措施：

（一）及时采取记录、复制、拍照、录像、公证等证据保全措施；

（二）需要鉴定的，送交鉴定。

旅游主管部门应当在期限届满前，解除先行登记保存措施。已移转保存的，应当返还当事人。

第三十五条 有下列情形之一的，可以终结调查：

（一）违法事实清楚、证据充分的；

（二）违法事实不成立的；

（三）作为当事人的自然人死亡的；

（四）作为当事人的法人或者其他组织终止，无法人或者其他组织承受其权利义务，又无其他关系人可以追查的；

（五）其他依法应当终结调查的情形。

调查终结后，对违法行为应当给予处罚的，执法人员应当提出行政处罚建议，并报案件承办机构或者旅游主管部门负责人批准；不予处罚或者免予处罚的，报案件承办机构或者旅游主管部门负责人批准后，终止案件。

第二节 告知和听证

第三十六条 旅游主管部门在作出行政处罚决定前，应当以书面形式告知当事人作出行政处罚决定的事实、理由、依据和当事人依法享有的陈述、申辩权利。

旅游主管部门可以就违法行为的性质、情节、危害后果、主观过错等因素，以及选择的处罚种类、幅度等情况，向当事人作出说明。

第三十七条 旅游主管部门应当充分听取当事人的陈述和申辩并制作笔录，对当事人提出的事实、理由和证据，应当进行复核。当事人提出的事实、理由或者证据成立的，应当予以采纳；不能成立而不予采纳的，应当向当事人说明理由。

旅游主管部门不得因当事人申辩而加重处罚。

第三十八条 旅游主管部门作出较大数额罚款、没收较大数额违法所得、取消出国（境）旅游业务经营资格、责令停业整顿、吊销旅行社业务经营许可证、导游证或者领队证等行政处罚决定前，应当以书面形式告知当事人有申请听证的权利。

听证告知的内容应当包括，提出听证申请的期限，未如期提出申请的法律后果，以及受理听证申请的旅游主管部门名称、地址等内容。

第一款所称较大数额，对公民为1万元人民币以上、对法人或者其他组织为5万元人民币以上；地方人民代表大会及其常务委员会或者地方人民政府另有规定的，从其规定。

第三十九条　听证应当遵循公开、公正和效率的原则，保障当事人的合法权益。

除涉及国家秘密、商业秘密或者个人隐私的外，应当公开听证。

第四十条　当事人要求听证的，应当在收到行政处罚听证告知书后3日内，向听证部门提出申请。

旅游主管部门接到申请后，应当在30日内举行听证，并在听证7日前，将举行听证的时间、地点、主持人，以及当事人可以申请听证回避、公开、延期、委托代理人、提供证据等事项，书面通知当事人。

申请人不是本案当事人，当事人未在规定期限内提出申请，或者有其他不符合听证条件的情形，旅游主管部门可以不举行听证，但应当向申请人说明理由。

第四十一条　同一旅游行政处罚案件的两个以上当事人分别提出听证申请的，可以合并举行听证；部分当事人提出听证申请的，可以只对该部分当事人的有关情况进行听证。

第四十二条　当事人应当按期参加听证，未按期参加听证且未事先说明理由的，视为放弃听证权利。

当事人有正当理由要求延期的，经听证承办机构负责人批准可以延期一次，并通知听证参加人。延期不得超过15日。

第四十三条　听证应当由旅游主管部门负责法制工作的机构承办。听证由一名主持人和若干名听证员组织，也可以由主持人一人组织。听证主持人、听证员、书记员应当由旅游主管部门负责人指定的非本案调查人员担任。

涉及专业知识的听证案件，可以邀请有关专家担任听证员。

听证参加人由案件调查人员、当事人和与本案处理结果有直接利害关系的第三人及其委托代理人等组成。公开举行的听证，公民、法人或者其他组织可以申请参加旁听。

当事人认为听证主持人、听证员或者书记员与本案有直接利害关系的，有权向旅游主管部门提出回避申请。

第四十四条　当事人在听证中有下列权利：

(一)对案件事实、适用法律及有关情况进行陈述和申辩;

(二)对案件调查人员提出的证据进行质证并提出新的证据;

(三)核对听证笔录,依法查阅案卷相关证据材料。

当事人、案件调查人员、第三人、有关证人举证、质证应当客观、真实,如实陈述案件事实和回答主持人的提问,遵守听证纪律。

听证主持人有权对参加人不当的辩论内容予以制止,维护正常的听证程序。听证参加人和旁听人员违反听证纪律的,听证主持人可以予以警告,情节特别严重的,可以责令其退出会场。

第四十五条 组织听证应当按下列程序进行:

(一)听证主持人询问核实案件调查人员、听证当事人、第三人的身份,宣布听证的目的、会场纪律、注意事项、当事人的权利和义务,介绍听证主持人、听证员和书记员,询问当事人、第三人是否申请回避,宣布听证开始;

(二)调查人员就当事人的违法事实进行陈述,并向听证主持人提交有关证据、处罚依据;

(三)当事人就案件的事实进行陈述和辩解,提交有关证据;

(四)第三人陈述事实,并就其要求提出理由,提交证据;

(五)调查人员、当事人、第三人对相关证据进行质证,听证主持人对重要的事实及证据予以核实;

(六)调查人员、当事人、第三人就与本案相关的事实、处罚理由和依据进行辩论;

(七)调查人员、当事人、第三人作最后陈述;

(八)主持人宣布听证结束。

听证过程应当制作笔录,案件调查人员、当事人、第三人应当在听证结束后核对听证笔录,确认无误后签名或者盖章。

第四十六条 听证主持人认为听证过程中提出的新的事实、理由、依据有待进一步调查核实或者鉴定的,可以中止听证并通知听证参加人。经调查核实或者作出鉴定意见后,应当恢复听证。

第四十七条 有下列情形之一的,终止听证:

(一)申请人撤回听证申请的;

（二）申请人无正当理由不参加听证会、在听证中擅自退场，或者严重违反听证纪律被听证主持人责令退场的；

（三）应当终止听证的其他情形。

听证举行过程中终止听证的，应当记入听证笔录。

第四十八条　听证结束后，听证主持人应当向旅游主管部门提交听证报告，并对拟作出的行政处罚决定，依照下列情形提出意见：

（一）违法事实清楚、证据充分、适用法律、法规、规章正确，过罚相当的，建议作出处罚；

（二）违法事实清楚、证据充分，但适用法律、法规、规章错误或者处罚显失公正的，建议重新作出处罚；

（三）违法事实不清、证据不足，或者由于违反法定程序可能影响案件公正处理的，建议另行指定执法人员重新调查。

听证会结束后，行政处罚决定作出前，执法人员发现新的违法事实，对当事人可能加重处罚的，应当按照本办法第三十六条、第四十条的规定，重新履行处罚决定告知和听证告知程序。

第四十九条　旅游主管部门组织听证所需费用，列入本部门行政经费，不得向当事人收取任何费用。

第三节　审查和决定

第五十条　案件调查终结并依法告知、听证后，需要作出行政处罚的，执法人员应当填写行政处罚审批表，经案件承办机构负责人同意后，报旅游主管部门负责人批准。

旅游主管部门应当对调查结果进行审查，根据下列情况，分别作出处理：

（一）确有应受行政处罚的违法行为的，根据情节轻重及具体情况，作出行政处罚决定；

（二）违法行为轻微，依法可以不予行政处罚的，不予行政处罚；

（三）违法事实不能成立的，不得给予行政处罚；

（四）违法行为已构成犯罪的，移送司法机关。

对情节复杂的案件或者因重大违法行为给予公民3万元以上罚款、法人或者其他组织20万元以上罚款，取消出国（境）旅游业务经营资格，责令停业整顿，吊销旅行社业务经营许可证、导游证、领队证等行政处罚的，旅游主管部门负责人应当集体讨论决定。地方人民代表大会及其常务委员会或者地方人民政府对集体讨论的情形另有规定的，从其规定。

第五十一条 决定给予行政处罚的，应当制作行政处罚决定书。旅游行政处罚决定书应当载明下列内容：

（一）当事人的姓名或者名称、证照号码、地址、联系方式等基本情况；

（二）违反法律、法规或者规章的事实和证据；

（三）行政处罚的种类和依据；

（四）行政处罚的履行方式和期限；

（五）逾期不缴纳罚款的后果；

（六）不服行政处罚决定，申请行政复议或者提起行政诉讼的途径和期限；

（七）作出行政处罚决定的旅游主管部门名称和作出决定的日期，并加盖部门印章。

第五十二条 旅游行政处罚案件应当自立案之日起的3个月内作出决定；案情复杂或者重大的，经旅游主管部门负责人批准可以延长，但不得超过3个月。

案件办理过程中组织听证、鉴定证据、送达文书，以及请示法律适用或者解释的时间，不计入期限。

第五十三条 旅游行政处罚文书应当送达当事人，并符合下列要求：

（一）有送达回证并直接送交受送达人，由受送达人在送达回证上载明收到的日期，并签名或者盖章；

（二）受送达人是个人的，本人不在交他的同住成年家属签收，并在送达回证上载明与受送达人的关系；

（三）受送达人或者他的同住成年家属拒绝接收的，送达人可以邀请有关基层组织的代表或者有关人员到场，说明情况，在送达回证上载明拒收的事由和日期，由送达人、见证人签名或者盖章，把文书留置受送达人的住所或者收发部门，也可以把文书留在受送达人的住所，并采用拍照、录像等方式记录送达过程；

（四）受送达人是法人或者其他组织的，应当由法人的法定代表人、其他组织的主要负责人或者该法人、组织办公室、收发室等负责收件的人签收或者盖章，拒绝签收或者盖章的，适用第（三）项留置送达的规定；

（五）经受送达人同意，可以采用传真、电子邮件等能够确认其收悉的方式送达行政处罚决定书以外的文书；

（六）受送达人有代理人或者指定代收人的，可以送交代理人或者代收人签收并载明受当事人委托的情况；

（七）直接送达确有困难的，可以用挂号信邮寄送达，也可以委托当地旅游主管部门代为送达，代收机关收到文书后，应当立即送交受送达人签收。

受送达人下落不明，或者以前款规定的方式无法送达的，可以在受送达人原住所地张贴公告，或者通过报刊、旅游部门网站公告送达，执法人员应当在送达文书上注明原因和经过。自公告发布之日起经过60日，即视为送达。

第五十四条 旅游行政处罚决定书应当在宣告后当场交付当事人；当事人不在场的，旅游主管部门应当按照本办法第五十三条的规定，在7日内送达当事人，并根据需要抄送与案件有关的单位和个人。

第五十五条 在案件处理过程中，当事人委托代理人的，应当提交授权委托书，载明委托人及其代理人的基本信息、委托事项及权限、代理权的起止日期、委托日期和委托人签名或者盖章。

第五十六条 违法行为发生地的旅游主管部门对非本部门许可的旅游经营者作出行政处罚的，应当依法将被处罚人的违法事实、处理结果告知原许可的旅游主管部门。取消出国（境）旅游业务经营资格或者吊销旅行社业务经营许可证、导游证、领队证的，原许可的旅游主管部门应当注销或者换发许可证件。

第五章 旅游行政处罚的简易程序

第五十七条 违法事实清楚、证据确凿并有法定依据，对公民处以50

元以下、对法人或者其他组织处以 1000 元以下罚款或者警告的旅游行政处罚,可以适用本章简易程序,当场作出行政处罚决定。

第五十八条 当场作出旅游行政处罚决定时,执法人员应当制作笔录,并遵守下列规定:

(一)不得少于两人,并向当事人出示行政执法证件;

(二)向当事人说明违法的事实、处罚的理由和依据以及拟给予的行政处罚;

(三)询问当事人对违法事实、处罚依据是否有异议,并告知当事人有陈述、申辩的权利,听取当事人的陈述和申辩;

(四)责令当事人改正违法行为,并填写预定格式、编有号码、盖有旅游主管部门印章的行政处罚决定书,由执法人员和当事人签名或者盖章,并将行政处罚决定书当场交付当事人;

(五)依法当场收缴罚款的,应当向当事人出具省、自治区、直辖市财政部门统一制发的罚款收据。

当场作出行政处罚决定的,执法人员应当在决定之日起 3 日内向旅游主管部门报告;当场收缴的罚款应当在规定时限内存入指定的银行。

第五十九条 当场处罚决定书应当载明第五十一条规定的内容和作出处罚的地点。

第六章 旅游行政处罚的执行

第六十条 当事人应当在行政处罚决定书确定的期限内,履行处罚决定;被处以罚款的,应当自收到行政处罚决定书之日起 15 日内,向指定的银行缴纳罚款。

申请行政复议或者提起行政诉讼的,不停止行政处罚决定的执行,但有下列情形的除外:

(一)处罚机关认为需要停止执行的;

(二)行政复议机关认为需要停止执行的;

(三)申请人申请停止执行,行政复议机关认为其要求合理决定停止执行,或者人民法院认为执行会造成难以弥补的损失,并且停止执行不损害社会性公共利益，裁定停止执行的；

（四）法律、法规规定的其他情形。

第六十一条 当事人逾期不履行处罚决定的，作出处罚决定的旅游主管部门可以采取下列措施：

（一）到期不缴纳罚款的，每日按罚款数额的百分之三加处罚款，但加处罚款的数额不得超出罚款额；

（二）向旅游主管部门所在地有管辖权的人民法院申请强制执行。

第六十二条 申请人民法院强制执行应当在下列期限内提出：

（一）行政处罚决定书送达后，当事人未申请行政复议或者提起行政诉讼的，在处罚决定书送达之日起3个月后起算的3个月内；

（二）复议决定书送达后当事人未提起行政诉讼的，在复议决定书送达之日起15日后起算的3个月内；

（三）人民法院对当事人提起行政诉讼作出的判决、裁定生效之日起3个月内。

第六十三条 旅游主管部门申请人民法院强制执行前，应当催告当事人履行义务。催告应当以书面形式作出，并载明下列事项：

（一）履行义务的期限；

（二）履行义务的方式；

（三）涉及金钱给付的，应当有明确的金额和给付方式；

（四）当事人依法享有的陈述权和申辩权。

旅游主管部门应当充分听取当事人的意见，对当事人提出的事实、理由和证据，应当进行记录、复核。当事人提出的事实、理由或者证据成立的，应当采纳。

催告书送达10日后当事人仍未履行义务的，可以申请强制执行。

第六十四条 旅游主管部门向人民法院申请强制执行，应当提供下列材料：

（一）强制执行申请书；

（二）处罚决定书及作出决定的事实、理由和依据；

（三）旅游主管部门的催告及当事人的陈述或申辩情况；

（四）申请强制执行标的情况；

(五)法律、行政法规规定的其他材料。

强制执行申请书应当由旅游主管部门负责人签名,加盖旅游主管部门的印章,并注明日期。

第六十五条 当事人确有经济困难,需要延期或者分期缴纳罚款的,应当在行政处罚决定书确定的缴纳期限届满前,向作出行政处罚决定的旅游主管部门提出延期或者分期缴纳的书面申请。

批准当事人延期或者分期缴纳罚款的,应当制作同意延期(分期)缴纳罚款通知书,送达当事人,并告知当事人缴纳罚款时,应当向收缴机构出示。

延期、分期缴纳罚款的,最长不得超过6个月,或者最后一期缴纳时间不得晚于申请人民法院强制执行的最后期限。

第六十六条 旅游主管部门和执法人员应当严格执行罚缴分离的规定,不得非法自行收缴罚款。

罚没款及没收物品的变价款,应当全部上缴国库,任何单位和个人不得截留、私分或者变相私分。

第七章 旅游行政处罚的结案和归档

第六十七条 有下列情形之一的,应当结案:

(一)行政处罚决定由当事人履行完毕的;

(二)行政处罚决定依法强制执行完毕的;

(三)不予处罚或者免予处罚等无须执行的;

(四)行政处罚决定被依法撤销的;

(五)旅游主管部门认为可以结案的其他情形。

第六十八条 结案的旅游行政处罚案件,应当制作结案报告,报案件承办机构负责人批准。结案报告应当包括案由、案源、立案时间、当事人基本情况、主要案情、案件办理情况、复议和诉讼情况、执行情况、承办人结案意见等内容。

第六十九条 旅游行政处罚案件结案后15日内,案件承办人员应当将案件材料立卷,并符合下列要求:

（一）一案一卷；

（二）与案件相关的各类文书应当齐全，手续完备；

（三）书写文书用签字笔或者钢笔；

（四）案卷装订应当规范有序，符合文档要求。

第七十条　案卷材料可以分为正卷、副卷。主要文书、外部程序的材料立正卷；请示报告与批示、集体讨论材料、涉密文件等内部程序的材料立副卷。

第七十一条　立卷完成后应当立即将案卷统一归档。案卷保管及查阅，按档案管理有关规定执行，任何单位、个人不得非法修改、增加、抽取案卷材料。

第八章　旅游行政处罚的监督

第七十二条　各级旅游主管部门应当加强行政处罚监督工作。

各级旅游主管部门负责对本部门和受其委托的旅游质监执法机构实施的行政处罚行为，进行督促、检查和纠正；上级旅游主管部门负责对下级旅游主管部门及其委托的旅游质监执法机构实施的行政处罚行为，进行督促、检查和纠正。

各级旅游主管部门法制工作机构，应当在本级旅游主管部门的组织、领导下，具体实施、协调和指导行政处罚工作。

各级旅游主管部门应当设立法制工作机构或者配备行政执法监督检查人员。

第七十三条　旅游行政处罚监督的主要内容包括：

（一）旅游行政执法主体资格是否符合规定；

（二）执法人员及其执法证件是否合法、有效；

（三）行政检查和行政处罚行为是否符合权限；

（四）对违法行为查处是否及时；

（五）适用的行政处罚依据是否准确、规范；

（六）行政处罚的种类和幅度是否合法、适当；

（七）行政处罚程序是否合法；

（八）行政处罚文书使用是否规范；

（九）重大行政处罚备案情况。

第七十四条　对旅游行政处罚的监督，可以采取定期或者不定期方式，通过案卷评查和现场检查等形式进行；处理对行政处罚行为的投诉、举报时，可以进行调查、查询，调阅旅游行政处罚案卷和其他有关材料。

第七十五条　各级旅游主管部门及其委托的旅游质监执法机构不履行法定职责，或者实施的行政处罚行为违反法律、法规和本办法规定、处罚不当的，应当主动纠正。

上级旅游主管部门在行政处罚监督中，发现下级旅游主管部门有不履行法定职责、处罚不当或者实施的行政处罚行为违反法律、法规和本办法规定等情形的，应当责令其纠正。

第七十六条　重大旅游行政处罚案件实行备案制度。

县级以上地方旅游主管部门作出的行政处罚决定，符合本办法第三十八条第一款规定的听证条件的，应当自结案之日起 15 日内，将行政处罚决定书的副本，报上一级旅游主管部门备案。

第七十七条　旅游行政处罚实行工作报告制度。

县级以上地方旅游主管部门应当分别于当年 7 月和翌年 1 月，汇总本地区旅游行政处罚案件，并对旅游行政处罚工作的基本情况、存在的问题以及改进建议，提出工作报告，报上一级旅游主管部门。

省、自治区、直辖市旅游主管部门应当在当年 8 月 31 日和翌年 2 月 28 日前，将工作总结和案件汇总情况报国家旅游局。

第七十八条　承担行政复议职责的旅游主管部门应当认真履行行政复议职责，依照有关规定配备专职行政复议人员，依法对违法的行政处罚决定予以撤销、变更或者确认，保障法律、法规的正确实施和对行政处罚工作的监督。

第七十九条　各级旅游主管部门应当建立健全对案件承办机构和执法人员旅游行政处罚工作的投诉、举报制度，并公布投诉、举报电话。受理投诉、举报的机构应当按照信访、纪检等有关规定对投诉、举报内容核查处理或者责成有关机构核查处理，并将处理结果通知投诉、举报人。受理举报、投诉的部门应当为举报、投诉人保密。

第八十条　各级旅游主管部门可以采取组织考评、个人自我考评和互查互评相结合，案卷评查和听取行政相对人意见相结合，日常评议考核和年度评议考核相结合的方法，对本部门案件承办机构和执法人员的行政处罚工作进行评议考核。

第八十一条　对在行政处罚工作中做出显著成绩和贡献的单位和个人，旅游主管部门可以依照国家或者地方的有关规定给予表彰和奖励。

旅游行政执法人员有下列行为之一的，由任免机关、监察机关依法给予行政处分；构成犯罪的，依法追究刑事责任：

（一）不依法履行行政执法职责的；

（二）滥用职权、徇私舞弊的；

（三）其他失职、渎职的行为。

第九章　附　　则

第八十二条　本办法有关期间的规定，除第二十一条的规定外，均按自然日计算。期间开始之日，不计算在内。期间届满的最后一日是节假日的，以节假日后的第一日为期间届满的日期。行政处罚文书在期满前邮寄的，视为在有效期内。

第八十三条　本办法所称的“以上”包括本数或者本级，所称的“以下”不包括本数。

第八十四条　省、自治区、直辖市人民政府决定旅游行政处罚权由其他部门集中行使的，其旅游行政处罚的实施参照适用本办法。

第八十五条　本办法自2013年10月1日起施行。

旅游安全管理办法

（2016年9月27日国家旅游局令第41号公布
自2016年12月1日起施行）

第一章　总　　则

第一条　为了加强旅游安全管理，提高应对旅游突发事件的能力，保障旅游者的人身、财产安全，促进旅游业持续健康发展，根据《中华人民共和国旅游法》、《中华人民共和国安全生产法》、《中华人民共和国突发事件应对法》、《旅行社条例》和《安全生产事故报告和调查处理条例》等法律、行政法规，制定本办法。

第二条　旅游经营者的安全生产、旅游主管部门的安全监督管理，以及旅游突发事件的应对，应当遵守有关法律、法规和本办法的规定。

本办法所称旅游经营者，是指旅行社及地方性法规规定旅游主管部门负有行业监管职责的景区和饭店等单位。

第三条　各级旅游主管部门应当在同级人民政府的领导和上级旅游主管部门及有关部门的指导下，在职责范围内，依法对旅游安全工作进行指导、防范、监管、培训、统计分析和应急处理。

第四条　旅游经营者应当承担旅游安全的主体责任，加强安全管理，建立、健全安全管理制度，关注安全风险预警和提示，妥善应对旅游突发事件。

旅游从业人员应当严格遵守本单位的安全管理制度，接受安全生产教育和培训，增强旅游突发事件防范和应急处理能力。

第五条 旅游主管部门、旅游经营者及其从业人员应当依法履行旅游突发事件报告义务。

第二章 经营安全

第六条 旅游经营者应当遵守下列要求：

（一）服务场所、服务项目和设施设备符合有关安全法律、法规和强制性标准的要求；

（二）配备必要的安全和救援人员、设施设备；

（三）建立安全管理制度和责任体系；

（四）保证安全工作的资金投入。

第七条 旅游经营者应当定期检查本单位安全措施的落实情况，及时排除安全隐患；对可能发生的旅游突发事件及采取安全防范措施的情况，应当按照规定及时向所在地人民政府或者人民政府有关部门报告。

第八条 旅游经营者应当对其提供的产品和服务进行风险监测和安全评估，依法履行安全风险提示义务，必要时应当采取暂停服务、调整活动内容等措施。

经营高风险旅游项目或者向老年人、未成年人、残疾人提供旅游服务的，应当根据需要采取相应的安全保护措施。

第九条 旅游经营者应当对从业人员进行安全生产教育和培训，保证从业人员掌握必要的安全生产知识、规章制度、操作规程、岗位技能和应急处理措施，知悉自身在安全生产方面的权利和义务。

旅游经营者建立安全生产教育和培训档案，如实记录安全生产教育和培训的时间、内容、参加人员以及考核结果等情况。

未经安全生产教育和培训合格的旅游从业人员，不得上岗作业；特种作业人员必须按照国家有关规定经专门的安全作业培训，取得相应资格。

第十条 旅游经营者应当主动询问与旅游活动相关的个人健康信息，要求旅游者按照明示的安全规程，使用旅游设施和接受服务，并要求旅游者对旅游经营者采取的安全防范措施予以配合。

第十一条 旅行社组织和接待旅游者，应当合理安排旅游行程，向合格的供应商订购产品和服务。

旅行社及其从业人员发现履行辅助人提供的服务不符合法律、法规规定或者存在安全隐患的，应当予以制止或者更换。

第十二条　旅行社组织出境旅游，应当制作安全信息卡。

安全信息卡应当包括旅游者姓名、出境证件号码和国籍，以及紧急情况下的联系人、联系方式等信息，使用中文和目的地官方语言（或者英文）填写。

旅行社应当将安全信息卡交由旅游者随身携带，并告知其自行填写血型、过敏药物和重大疾病等信息。

第十三条　旅游经营者应当依法制定旅游突发事件应急预案，与所在地县级以上地方人民政府及其相关部门的应急预案相衔接，并定期组织演练。

第十四条　旅游突发事件发生后，旅游经营者及其现场人员应当采取合理、必要的措施救助受害旅游者，控制事态发展，防止损害扩大。

旅游经营者应当按照履行统一领导职责或者组织处置突发事件的人民政府的要求，配合其采取的应急处置措施，并参加所在地人民政府组织的应急救援和善后处置工作。

旅游突发事件发生在境外的，旅行社及其领队应当在中国驻当地使领馆或者政府派出机构的指导下，全力做好突发事件应对处置工作。

第十五条　旅游突发事件发生后，旅游经营者的现场人员应当立即向本单位负责人报告，单位负责人接到报告后，应当于1小时内向发生地县级旅游主管部门、安全生产监督管理部门和负有安全生产监督管理职责的其他相关部门报告；旅行社负责人应当同时向单位所在地县级以上地方旅游主管部门报告。

情况紧急或者发生重大、特别重大旅游突发事件时，现场有关人员可直接向发生地、旅行社所在地县级以上旅游主管部门、安全生产监督管理部门和负有安全生产监督管理职责的其他相关部门报告。

旅游突发事件发生在境外的，旅游团队的领队应当立即向当地警方、中国驻当地使领馆或者政府派出机构，以及旅行社负责人报告。旅行社负责人应当在接到领队报告后1小时内，向单位所在地县级以上地方旅游主管部门报告。

第三章 风 险 提 示

第十六条 国家建立旅游目的地安全风险(以下简称风险)提示制度。

根据可能对旅游者造成的危害程度、紧急程度和发展态势,风险提示级别分为一级(特别严重)、二级(严重)、三级(较重)和四级(一般),分别用红色、橙色、黄色和蓝色标示。

风险提示级别的划分标准,由国家旅游局会同外交、卫生、公安、国土、交通、气象、地震和海洋等有关部门制定或者确定。

第十七条 风险提示信息,应当包括风险类别、提示级别、可能影响的区域、起始时间、注意事项、应采取的措施和发布机关等内容。

一级、二级风险的结束时间能够与风险提示信息内容同时发布的,应当同时发布;无法同时发布的,待风险消失后通过原渠道补充发布。

三级、四级风险提示可以不发布风险结束时间,待风险消失后自然结束。

第十八条 风险提示发布后,旅行社应当根据风险级别采取下列措施:

(一)四级风险的,加强对旅游者的提示;

(二)三级风险的,采取必要的安全防范措施;

(三)二级风险的,停止组团或者带团前往风险区域;已在风险区域的,调整或者中止行程;

(四)一级风险的,停止组团或者带团前往风险区域,组织已在风险区域的旅游者撤离。

其他旅游经营者应当根据风险提示的级别,加强对旅游者的风险提示,采取相应的安全防范措施,妥善安置旅游者,并根据政府或者有关部门的要求,暂停或者关闭易受风险危害的旅游项目或者场所。

第十九条 风险提示发布后,旅游者应当关注相关风险,加强个人安全防范,并配合国家应对风险暂时限制旅游活动的措施,以及有关部门、机构或者旅游经营者采取的安全防范和应急处置措施。

第二十条 国家旅游局负责发布境外旅游目的地国家(地区),以及风险区域范围覆盖全国或者跨省级行政区域的风险提示。发布一级风险提示的,需经国务院批准;发布境外旅游目的地国家(地区)风险提示的,需经外交部门同意。

地方各级旅游主管部门应当及时转发上级旅游主管部门发布的风险提示,并负责发布前款规定之外涉及本辖区的风险提示。

第二十一条 风险提示信息应当通过官方网站、手机短信及公众易查阅的媒体渠道对外发布。一级、二级风险提示应同时通报有关媒体。

第四章 安 全 管 理

第二十二条 旅游主管部门应当加强下列旅游安全日常管理工作:

(一)督促旅游经营者贯彻执行安全和应急管理的有关法律、法规,并引导其实施相关国家标准、行业标准或者地方标准,提高其安全经营和突发事件应对能力;

(二)指导旅游经营者组织开展从业人员的安全及应急管理培训,并通过新闻媒体等多种渠道,组织开展旅游安全及应急知识的宣传普及活动;

(三)统计分析本行政区域内发生旅游安全事故的情况;

(四)法律、法规规定的其他旅游安全管理工作。

旅游主管部门应当加强对星级饭店和A级景区旅游安全和应急管理工作的指导。

第二十三条 地方各级旅游主管部门应当根据有关法律、法规的规定,制定、修订本地区或者本部门旅游突发事件应急预案,并报上一级旅游主管部门备案,必要时组织应急演练。

第二十四条 地方各级旅游主管部门应当在当地人民政府的领导下,依法对景区符合安全开放条件进行指导,核定或者配合相关景区主管部门核定景区最大承载量,引导景区采取门票预约等方式控制景区流量;在旅游者数量可能达到最大承载量时,配合当地人民政府采取疏导、分流等措施。

第二十五条 旅游突发事件发生后,发生地县级以上旅游主管部门应当根据同级人民政府的要求和有关规定,启动旅游突发事件应急预案,并采取下列一项或者多项措施:

(一)组织或者协同、配合相关部门开展对旅游者的救助及善后处置,防止次生、衍生事件;

(二)协调医疗、救援和保险等机构对旅游者进行救助及善后处置;

(三)按照同级人民政府的要求,统一、准确、及时发布有关事态发展和应急处置工作的信息,并公布咨询电话。

第二十六条 旅游突发事件发生后,发生地县级以上旅游主管部门应当根据同级人民政府的要求和有关规定,参与旅游突发事件的调查,配合相关部门依法对应当承担事件责任的旅游经营者及其责任人进行处理。

第二十七条 各级旅游主管部门应当建立旅游突发事件报告制度。

第二十八条 旅游主管部门在接到旅游经营者依据本办法第十五条规定的报告后,应当向同级人民政府和上级旅游主管部门报告。一般旅游突发事件上报至设区的市级旅游主管部门;较大旅游突发事件逐级上报至省级旅游主管部门;重大和特别重大旅游突发事件逐级上报至国家旅游局。向上级旅游主管部门报告旅游突发事件,应当包括下列内容:

(一)事件发生的时间、地点、信息来源;

(二)简要经过、伤亡人数、影响范围;

(三)事件涉及的旅游经营者、其他有关单位的名称;

(四)事件发生原因及发展趋势的初步判断;

(五)采取的应急措施及处置情况;

(六)需要支持协助的事项;

(七)报告人姓名、单位及联系电话。

前款所列内容暂时无法确定的,应当先报告已知情况;报告后出现新情况的,应当及时补报、续报。

第二十九条 各级旅游主管部门应当建立旅游突发事件信息通报制度。旅游突发事件发生后,旅游主管部门应当及时将有关信息通报相关行业主管部门。

第三十条 旅游突发事件处置结束后，发生地旅游主管部门应当及时查明突发事件的发生经过和原因，总结突发事件应急处置工作的经验教训，制定改进措施，并在30日内按照下列程序提交总结报告：

（一）一般旅游突发事件向设区的市级旅游主管部门提交；

（二）较大旅游突发事件逐级向省级旅游主管部门提交；

（三）重大和特别重大旅游突发事件逐级向国家旅游局提交。

旅游团队在境外遇到突发事件的，由组团社所在地旅游主管部门提交总结报告。

第三十一条 省级旅游主管部门应当于每月5日前，将本地区上月发生的较大旅游突发事件报国家旅游局备案，内容应当包括突发事件发生的时间、地点、原因及事件类型和伤亡人数等。

第三十二条 县级以上地方各级旅游主管部门应当定期统计分析本行政区域内发生旅游突发事件的情况，并于每年1月底前将上一年度相关情况逐级报国家旅游局。

第五章 罚 则

第三十三条 旅游经营者及其主要负责人、旅游从业人员违反法律、法规有关安全生产和突发事件应对规定的，依照相关法律、法规处理。

第三十四条 旅行社违反本办法第十一条第二款的规定，未制止履行辅助人的非法、不安全服务行为，或者未更换履行辅助人的，由旅游主管部门给予警告，可并处2000元以下罚款；情节严重的，处2000元以上10000元以下罚款。

第三十五条 旅行社违反本办法第十二条的规定，不按要求制作安全信息卡，未将安全信息卡交由旅游者，或者未告知旅游者相关信息的，由旅游主管部门给予警告，可并处2000元以下罚款；情节严重的，处2000元以上10000元以下罚款。

第三十六条 旅行社违反本办法第十八条规定，不采取相应措施的，由旅游主管部门处2000元以下罚款；情节严重的，处2000元以上10000

元以下罚款。

第三十七条 按照旅游业国家标准、行业标准评定的旅游经营者违反本办法规定的，由旅游主管部门建议评定组织依据相关标准作出处理。

第三十八条 旅游主管部门及其工作人员违反相关法律、法规及本办法规定，玩忽职守，未履行安全管理职责的，由有关部门责令改正，对直接负责的主管人员和其他直接责任人员依法给予处分。

第六章 附 则

第三十九条 本办法所称旅游突发事件，是指突然发生，造成或者可能造成旅游者人身伤亡、财产损失，需要采取应急处置措施予以应对的自然灾害、事故灾难、公共卫生事件和社会安全事件。

根据旅游突发事件的性质、危害程度、可控性以及造成或者可能造成的影响，旅游突发事件一般分为特别重大、重大、较大和一般四级。

第四十条 本办法所称特别重大旅游突发事件，是指下列情形：

（一）造成或者可能造成人员死亡（含失踪）30 人以上或者重伤 100 人以上；

（二）旅游者 500 人以上滞留超过 24 小时，并对当地生产生活秩序造成严重影响；

（三）其他在境内外产生特别重大影响，并对旅游者人身、财产安全造成特别重大威胁的事件。

第四十一条 本办法所称重大旅游突发事件，是指下列情形：

（一）造成或者可能造成人员死亡（含失踪）10 人以上、30 人以下或者重伤 50 人以上、100 人以下；

（二）旅游者 200 人以上滞留超过 24 小时，对当地生产生活秩序造成较严重影响；

（三）其他在境内外产生重大影响，并对旅游者人身、财产安全造成重大威胁的事件。

第四十二条 本办法所称较大旅游突发事件，是指下列情形：

（一）造成或者可能造成人员死亡（含失踪）3 人以上 10 人以下或者

重伤10人以上、50人以下；

（二）旅游者50人以上、200人以下滞留超过24小时，并对当地生产生活秩序造成较大影响；

（三）其他在境内外产生较大影响，并对旅游者人身、财产安全造成较大威胁的事件。

第四十三条 本办法所称一般旅游突发事件，是指下列情形：

（一）造成或者可能造成人员死亡（含失踪）3人以下或者重伤10人以下；

（二）旅游者50人以下滞留超过24小时，并对当地生产生活秩序造成一定影响；

（三）其他在境内外产生一定影响，并对旅游者人身、财产安全造成一定威胁的事件。

第四十四条 本办法所称的“以上”包括本数；除第三十四条、第三十五条、第三十六条的规定外，所称的“以下”不包括本数。

第四十五条 本办法自2016年12月1日起施行。国家旅游局1990年2月20日发布的《旅游安全管理暂行办法》同时废止。

旅游行政许可办法

（2018年3月9日国家旅游局令第46号公布
自2018年5月1日起施行）

第一章 总 则

第一条 为了规范旅游行政许可行为，保护公民、法人和其他组织的合法权益,保障和监督旅游主管部门有效实施行政管理,根据《行政许可法》及有关法律、行政法规,结合旅游工作实际,制定本办法。

第二条 本办法所称旅游行政许可,是指旅游主管部门及具有旅游行政许可权的其他行政机关根据公民、法人或者其他组织的申请,经依法审查,准予其从事特定活动的行为。

第三条 旅游行政许可的设定、实施和监督检查,应当遵守《行政许可法》《旅游法》及有关法律、法规和本办法的规定。

旅游主管部门对其他机关或者对其直接管理的事业单位的人事、财务、外事等事项的审批,不适用本办法。

第四条 实施旅游行政许可,应当依照法定的权限、范围、条件和程序,遵循公开、公平、公正的原则。

旅游主管部门应当按照国家有关规定将行政许可事项向社会公布,未经公布不得实施相关行政许可。行政许可的实施和结果,除涉及国家秘密、商业秘密或者个人隐私的外,应当公开。

符合法定条件、标准的,申请人有依法取得旅游行政许可的平等权利,旅游主管部门不得歧视。

第五条 实施旅游行政许可,应当遵循便民、高效的原则,以行政许可标准化建设为指引,运用标准化原理、方法和技术,提高办事效率,提供优质服务。

国家旅游局负责建立完善旅游行政许可全国网上审批平台,逐步推动旅游行政许可事项的网上办理和审批。地方各级旅游主管部门应当逐步将本部门旅游行政许可事项纳入或者接入全国网上审批平台统一实施。

实施行政许可的旅游主管部门应当编制旅游行政许可服务指南,建立和实施旅游行政许可信息公开制、一次性告知制、首问责任制、顶岗补位制、服务承诺制、责任追究制和文明服务制等服务制度和规范。

第六条 旅游行政规章、规范性文件及其他文件一律不得设定行政许可。

旅游行政规章可以在上位法设定的行政许可事项范围内,对实施该行政许可作出具体规定,但不得增设行政许可;对行政许可条件作出的具体规定,不得增设违反上位法的其他条件。

第七条 公民、法人或者其他组织对旅游主管部门实施行政许可,享有陈述权、申辩权;有权依法申请行政复议或者提起行政诉讼;其合法权益因旅游主管部门违法实施行政许可受到损害的,有权依法要求赔偿。

第八条 旅游行政许可决定依法作出即具有法律效力,非经法定程序不得改变。

旅游行政许可所依据的法律、法规、规章修改或者废止,或者准予行政许可所依据的客观情况发生重大变化的,为了公共利益的需要,旅游主管部门可以依法变更或者撤回已经生效的行政许可。由此给公民、法人或者其他组织造成财产损失的,应当依法给予补偿。

第二章 实施机关

第九条 旅游行政许可由旅游主管部门或者具有旅游行政许可权的其他行政机关在其法定职权范围内实施。

旅游主管部门内设机构和派出机构不得以自己的名义实施行政许可。

第十条 旅游主管部门可以在其法定职权范围内委托具有权限的下级旅游主管部门实施行政许可,并应当将受委托的旅游主管部门和委托实施的旅游行政许可事项予以公告。

委托的旅游主管部门对委托行为的后果,依法承担法律责任。

受委托的旅游主管部门在委托范围内,以委托的旅游主管部门名义实施行政许可,不得转委托。

第十一条 旅游主管部门应当确定具体承担旅游行政许可办理工作的内设机构(以下简称承办机构)。承办机构的主要职责包括:

(一)受理、审查旅游行政许可申请,并向旅游主管部门提出许可决定建议;

(二)组织旅游行政许可听证工作;

(三)送达旅游行政许可决定和证件;

(四)旅游行政许可的信息统计、信息公开工作;

（五）旅游行政许可档案管理工作；

（六）提供旅游行政许可业务咨询服务；

（七）依法对被许可人从事旅游行政许可事项的活动进行监督检查。

承办机构需要其他业务机构协助办理的，相关业务机构应当积极配合。

第三章 申请与受理

第十二条 从事依法需要取得旅游行政许可活动的，应当向行政机关提出申请。申请书需要采用格式文本的，旅游主管部门应当免费提供申请书格式文本和常见错误实例。申请书格式文本中不得包含与申请行政许可事项没有直接关系的内容。

申请人依法委托代理人提出行政许可申请的，应当提交申请人、代理人的身份证明文件和授权委托书。授权委托书应当载明授权委托事项和授权范围。

第十三条 旅游主管部门应当将旅游行政许可事项、依据、申请条件、数量限制、办理流程、办结期限及申请材料目录和申请书示范文本等，在办公场所或者受理场所及政务网站公示，方便申请人索取使用、获取信息。

申请人要求对公示内容予以说明、解释的，承办机构应当说明、解释，提供准确、可靠的信息。

第十四条 旅游主管部门应当设置一个固定场所作为旅游行政许可业务办理窗口，配备政治素质高、业务能力强、熟悉掌握旅游行政许可业务工作的受理人员，统一受理申请、提供咨询和送达决定，并在办公区域显著位置设立指示标志，引导申请人到受理窗口办理许可业务。

旅游行政许可事项纳入行政服务大厅集中受理的，按照相关规定和要求执行。

第十五条 申请人申请行政许可，应当如实向旅游主管部门提交有关材料和反映真实情况，并对其申请材料实质内容的真实性负责。旅游主管部门不得要求申请人提交与其申请的行政许可事项无关的材料。

第十六条 受理申请时,旅游行政许可受理人员应当审查下列事项:

(一)申请事项是否属于本部门行政许可受理范围;

(二)申请人或者代理人提交的身份证件和授权委托书是否合法有效,授权事项及范围是否明确;

(三)申请材料中是否明确附有申请人签名或者盖章;

(四)申请人提交的材料是否符合所申请事项的各项受理要求。

第十七条 对申请人提出的行政许可申请,旅游主管部门应当根据下列情况分别作出处理:

(一)申请事项依法不需要取得行政许可的,应当即时告知申请人不受理,并向申请人出具《行政许可申请不予受理通知书》,说明理由和依据;

(二)申请事项依法不属于本部门职权范围的,应当即时作出不予受理的决定,并向申请人出具《行政许可申请不予受理通知书》,告知申请人向有关行政机关申请;

(三)申请材料存在文字、计算等可以当场更正的错误的,应当允许申请人当场更正,并告知其在修改处签名或者盖章确认;

(四)申请材料不齐全或者不符合法定形式的,应当当场或者在5日内一次性告知申请人需要补正的全部内容,并向申请人出具《行政许可申请补正材料通知书》。逾期不告知的,自收到申请材料之日起即为受理;

(五)申请人未在规定的期限内提交补正材料,或者提交的材料仍不符合要求但拒绝再补正的,应当作出不予受理的决定,并向申请人出具《行政许可申请不予受理通知书》,说明理由和依据;

(六)申请事项属于本部门职权范围,申请材料齐全、符合法定形式或者申请人依照本部门要求提交全部补正材料的,应当受理行政许可申请,并向申请人出具符合行政许可受理单制度要求的《行政许可申请受理通知书》。

旅游主管部门出具前款规定的相关书面凭证,应当加盖单位印章或者行政许可专用印章,并注明日期。

第四章　审查与决定

第十八条　旅游主管部门应当根据申请人提交的申请材料,对其是否具备许可条件、是否存在不予许可的情形等进行书面审查;依法需要对申请材料的实质内容进行核实的,应当指派两名以上工作人员进行现场核查。

核查人员在现场核查或者询问时,应当出示证件,并制作现场核查笔录或者询问笔录。现场核查笔录、询问笔录应当如实记载核查的时间、地点、参加人和内容,经被核查人、被询问人核对无误后签名或者盖章,并由核查人员签字。当事人或者有关人员应当如实回答询问,并协助核查。

第十九条　旅游主管部门对行政许可申请进行审查时,发现该行政许可事项直接关系他人重大利益的,应当告知该利害关系人。申请人、利害关系人有权进行陈述和申辩。

行政许可办理工作人员对申请人、利害关系人的口头陈述和申辩,应当制作陈述、申辩笔录;经复核,申请人、利害关系人提出的事实、理由成立的,应当采纳。

第二十条　申请人在作出行政许可决定前自愿撤回行政许可申请的,旅游主管部门应当准许。

申请人撤回申请的,应当以书面形式提出,并返还旅游主管部门已出具的相关书面凭证。对纸质申请材料,旅游主管部门应当留存复制件,并将原件退回。

第二十一条　有下列情形之一的,旅游主管部门应当作出中止审查的决定,并通知申请人:

(一)申请人因涉嫌侵害旅游者合法权益等违法违规行为被行政机关调查,或者被司法机关侦查,尚未结案,对其行政许可事项影响重大的;

(二)申请人被依法采取限制业务活动、责令停业整顿、指定其他机构托管、接管等措施,尚未解除的;

(三)对有关法律、法规、规章的规定,需要进一步明确具体含义,请求有关机关作出解释的;

（四）申请人主动要求中止审查，理由正当的。

法律、法规、规章对前款情形另有规定的，从其规定。

行政许可中止的原因消除后，应当及时恢复审查。中止审查的时间不计算在法定期限内。

第二十二条　有下列情形之一的，旅游主管部门应当作出终止审查的决定，并通知申请人：

（一）申请人自愿撤回申请的；

（二）作为申请人的自然人死亡或者丧失行为能力的；

（三）作为申请人的法人或者其他组织终止的。

第二十三条　旅游主管部门对行政许可申请进行审查后，能够当场作出决定的，应当当场作出书面行政许可决定；不能当场作出决定的，应当在法定期限内按照规定程序作出行政许可决定。

第二十四条　申请人的申请符合法定条件、标准的，旅游主管部门应当依法作出准予行政许可的书面决定；不符合法定条件、标准的，旅游主管部门应当依法作出不予行政许可的书面决定，说明理由，并告知申请人享有依法申请行政复议或者提起行政诉讼的权利。

行政许可书面决定应当载明作出决定的时间，并加盖单位印章或者行政许可专用印章。

第二十五条　旅游主管部门作出准予行政许可的决定，需要颁发行政许可证件的，应当在法定期限内向申请人颁发加盖单位印章或者行政许可专用印章的行政许可证件。

行政许可证件一般应当载明证件名称、发证机关名称、被许可人名称、行政许可事项、证件编号、发证日期和证件有效期等事项。

第二十六条　旅游主管部门可以采取下列方式送达行政许可决定以及其他行政许可文书：

（一）受送达人到旅游主管部门办公场所或者受理场所直接领取，在送达回证上注明收到日期，并签名或者盖章；

（二）邮寄送达的，申请书载明的联系地址为送达地址，受送达人及其代收人应当在邮件回执上签名或者盖章，回执上注明的收件日期为送达日期；

（三）受送达人拒绝接收行政许可文书的，送达人可以邀请有关基层组织或者所在单位的代表到场，说明情况，在送达回证上记明拒收事由和日期，由送达人、见证人签名或者盖章，把许可文书留在受送达人的住所；也可以把许可文书留在受送达人的住所，并采用拍照、录像等方式记录送达过程，即视为送达；

（四）直接送达有困难的，可以委托当地旅游主管部门送达；

（五）无法采取上述方式送达的，可以在公告栏、受送达人住所地张贴公告，也可以在报刊上刊登公告。自公告发布之日起60日后，即视为送达。

第二十七条 旅游主管部门作出的准予行政许可决定，应当按照《政府信息公开条例》的规定予以公开，并允许公众查阅。

第二十八条 旅游主管部门应当在颁发行政许可证件之日起30日内，逐级向上级旅游主管部门备案被许可人名称、行政许可事项、证件编号、发证日期和证件有效期等事项或者共享相关信息。

第五章 听　　证

第二十九条 法律、法规、规章规定实施旅游行政许可应当听证的事项，或者旅游主管部门认为需要听证的其他涉及公共利益的重大行政许可事项，旅游主管部门应当向社会公告，并举行听证。

第三十条 旅游行政许可直接涉及申请人与他人之间重大利益关系的，旅游主管部门应当在作出行政许可决定前发出《行政许可听证告知书》，告知申请人、利害关系人有要求听证的权利。

第三十一条 申请人、利害关系人要求听证的，应当在收到旅游主管部门《行政许可听证告知书》之日起5日内提交申请听证的书面材料；逾期不提交的，视为放弃听证权利。

第三十二条 旅游主管部门应当在接到申请人、利害关系人申请听证的书面材料后20日内组织听证，并在举行听证的7日前，发出《行政许可听证通知书》，将听证的事项、时间、地点通知申请人、利害关系人，必要时予以公告。

第三十三条 听证主持人由旅游主管部门从审查该行政许可申请的

工作人员以外的人员中指定，申请人、利害关系人认为主持人与该行政许可事项有直接利害关系的，有权申请回避。

第三十四条 行政许可审查工作人员应当在举行听证5日前，向听证主持人提交行政许可审查意见的证据、理由等全部材料。申请人、利害关系人也可以提出证据。

第三十五条 听证会按照下列程序公开进行：

（一）主持人宣布会场纪律；

（二）核对听证参加人姓名、年龄、身份，告知听证参加人权利、义务；

（三）行政许可审查工作人员提出审查意见的证据、理由；

（四）申请人、利害关系人进行申辩和质证；

（五）行政许可审查工作人员与申请人、利害关系人就争议事实进行辩论；

（六）行政许可审查工作人员与申请人、利害关系人作最后陈述；

（七）主持人宣布听证会中止、延期或者结束。

第三十六条 对于申请人、利害关系人或者其委托的代理人无正当理由不出席听证、未经听证主持人许可中途退出或者放弃申辩和质证权利退出听证会的，听证主持人可以宣布听证取消或者终止。

第三十七条 听证记录员应当将听证的全部活动制作笔录，由听证主持人和记录员签名。

听证笔录应当经听证参加人确认无误或者补正后，当场签名或者盖章。听证参加人拒绝签名或者盖章的，由听证主持人记明情况，在听证笔录中予以载明。

第三十八条 旅游主管部门应当根据听证笔录，作出行政许可决定。对听证笔录中未认证、记载的事实依据，或者听证结束后申请人提交的证据，旅游主管部门不予采信。

第六章 档案管理

第三十九条 旅游主管部门应当按照档案管理法律、法规和标准要求，建立科学的管理制度，配备必要的设施设备，指定专门的人员，采用先进技术,加强旅游行政许可档案管理。

第四十条 旅游行政许可档案管理内容主要包括下列材料:

(一)申请人依法提交的各项申请材料;

(二)旅游主管部门实施许可过程中直接形成的材料;

(三)法律、法规规定需要管理的其他材料。

材料形式应当包括文字、图标、声像等不同形式的记录。

第四十一条 承办机构应当对档案材料进行分类、编号、排列、登记、装订,及时整理立卷,并定期移交本部门档案管理机构归档。

档案交接、保管、借阅、查阅、复制等,应当遵守有关规定,严格履行签收、登记、审批手续。涉及国家秘密的,还应当依照《保密法》及其实施条例的规定办理。

第四十二条 旅游主管部门应当明确有关许可档案的保管期限。保管期限到期时,经鉴定档案无保存价值的,可按有关规定销毁。

第七章 监督检查

第四十三条 旅游主管部门应当建立健全旅游行政许可监督检查制度,采取定期或者不定期抽查等方式,对许可实施情况进行监督检查,及时纠正行政许可实施中的违法行为。

旅游主管部门应当制定旅游行政许可实施评价方案,明确评价主体、方式、指标和程序,并组织开展评价,依据评估结果持续提高许可工作质量。

第四十四条 旅游主管部门应当依法对被许可人从事旅游行政许可事项的活动进行监督检查,并将监督检查的情况和处理结果予以记录,由监督检查人员签字后归档。公众有权查阅监督检查记录。

第四十五条 有《行政许可法》规定的撤销、注销情形的,旅游主管部门应当依法作出撤销决定、办理注销手续。

第四十六条 旅游主管部门及其工作人员在实施行政许可、监督检查过程中滥用职权、玩忽职守、徇私舞弊的,由有权机关依法给予行政处分;构成犯罪的,依法追究刑事责任。

第四十七条 行政许可申请人、被许可人有违反《行政许可法》《旅游法》及有关法律、法规和本办法规定行为的，旅游主管部门应当依法给予处理；构成犯罪的，依法追究刑事责任。

公民、法人或者其他组织未经行政许可，擅自从事依法应当取得旅游行政许可的活动的，旅游主管部门应当依法采取措施予以制止，并依法给予行政处罚；构成犯罪的，依法追究刑事责任。

第八章 附 则

第四十八条 本办法规定的期限以工作日计算，但第二十六条和第二十八条规定的期限除外。

第四十九条 法规、规章对旅游主管部门实施旅游行政许可有特别规定的，按照有关规定执行。

省、自治区、直辖市人民政府决定旅游行政许可权由其他部门集中行使的，其旅游行政许可的实施参照适用本办法。

第五十条 本办法自2018年5月1日起施行。2006年11月7日国家旅游局发布的《国家旅游局行政许可实施暂行办法》同时废止。

在线旅游经营服务管理暂行规定

（2020年8月20日文化和旅游部令第4号发布
自2020年10月1日起施行）

第一章 总 则

第一条 为保障旅游者合法权益，规范在线旅游市场秩序，促进在线旅游行业可持续发展,依据《中华人民共和国旅游法》《中华人民共和国消费者权益保护法》《中华人民共和国网络安全法》《中华人民共和国电子商务法》《旅行社条例》等相关法律、行政法规,制定本规定。

第二条　在中华人民共和国境内提供在线旅游经营服务,适用本规定。

本规定所称在线旅游经营服务,是指通过互联网等信息网络为旅游者提供包价旅游服务或者交通、住宿、餐饮、游览、娱乐等单项旅游服务的经营活动。

第三条　本规定所称在线旅游经营者,是指从事在线旅游经营服务的自然人、法人和非法人组织,包括在线旅游平台经营者、平台内经营者以及通过自建网站、其他网络服务提供旅游服务的经营者。

本规定所称平台经营者,是指为在线旅游经营服务交易双方或者多方提供网络经营场所、交易撮合、信息发布等服务的法人或者非法人组织。

本规定所称平台内经营者,是指通过平台经营者提供旅游服务的在线旅游经营者。

第四条　在线旅游经营者提供在线旅游经营服务,应当遵守社会主义核心价值观的要求,坚守人身财产安全、信息内容安全、网络安全等底线,诚信经营、公平竞争,承担产品和服务质量责任,接受政府和社会的监督。

第五条　文化和旅游部按照职责依法负责全国在线旅游经营服务的指导、协调、监管工作。县级以上地方文化和旅游主管部门按照职责分工负责本辖区内在线旅游经营服务的监督管理工作。

第六条　各级文化和旅游主管部门应当积极协调相关部门在财政、税收、金融、保险等方面支持在线旅游行业发展,保障在线旅游经营者公平参与市场竞争,充分发挥在线旅游经营者在旅游目的地推广、旅游公共服务体系建设、旅游大数据应用、景区门票预约和流量控制等方面的积极作用,推动旅游业高质量发展。

第二章 运 营

第七条 在线旅游经营者应当依法建立旅游者安全保护制度，制定应急预案，结合有关政府部门发布的安全风险提示等信息进行风险监测和安全评估，及时排查安全隐患，做好旅游安全宣传与引导、风险提示与防范、应急救助与处置等工作。

第八条 在线旅游经营者发现法律、行政法规禁止发布或者传输的信息，应当立即停止传输该信息，采取消除等处置措施防止信息扩散，保存有关记录并向主管部门报告。

平台经营者应当对上传至平台的文字、图片、音视频等信息内容加强审核，确保平台信息内容安全。

第九条 在线旅游经营者应当按照《中华人民共和国网络安全法》等相关法律规定，贯彻网络安全等级保护制度，落实网络安全管理和技术措施，制定网络安全应急预案，并定期组织开展演练，确保在线旅游经营服务正常开展。

第十条 在线旅游经营者经营旅行社业务的，应当依法取得旅行社业务经营许可。

第十一条 平台经营者应当对平台内经营者的身份、地址、联系方式、行政许可、质量标准等级、信用等级等信息进行真实性核验、登记，建立登记档案，并定期核验更新。

平台经营者应当督促平台内经营者对其旅游辅助服务者的相关信息进行真实性核验、登记。

第十二条 在线旅游经营者应当提供真实、准确的旅游服务信息，不得进行虚假宣传；未取得质量标准、信用等级的，不得使用相关称谓和标识。平台经营者应当以显著方式区分标记自营业务和平台内经营者开展的业务。

在线旅游经营者为旅游者提供交通、住宿、游览等预订服务的，应当建立公开、透明、可查询的预订渠道，促成相关预订服务依约履行。

第十三条 在线旅游经营者应当保障旅游者的正当评价权，不得擅自屏蔽、删除旅游者对其产品和服务的评价，不得误导、引诱、替代或者强制旅游者做出评价，对旅游者做出的评价应当保存并向社会公开。在线旅游经营者删除法律、法规禁止发布或者传输的评价信息的，应当在后台记录和保存。

第十四条 在线旅游经营者应当保护旅游者个人信息等数据安全，在收集旅游者信息时事先明示收集旅游者个人信息的目的、方式和范围，并经旅游者同意。

在线旅游经营者在签订包价旅游合同或者出境旅游产品代订合同时，应当提示旅游者提供紧急联络人信息。

第十五条 在线旅游经营者不得滥用大数据分析等技术手段，基于旅游者消费记录、旅游偏好等设置不公平的交易条件，侵犯旅游者合法权益。

第十六条 在线旅游经营者为旅游者提供包价旅游服务的，应当依法与旅游者签订合同，并在全国旅游监管服务平台填报合同有关信息。

第十七条 经营旅行社业务的在线旅游经营者应当投保旅行社责任险。

在线旅游经营者应当提示旅游者投保人身意外伤害保险。销售出境旅游产品时，应当为有购买境外旅游目的地保险需求的旅游者提供必要协助。

第十八条 在线旅游经营者应当协助文化和旅游主管部门对不合理低价游进行管理，不得为其提供交易机会。

第十九条 平台经营者应当对平台内经营者服务情况、旅游合同履行情况以及投诉处理情况等产品和服务信息、交易信息依法进行记录、保存，进行动态管理。

第二十条 社交网络平台、移动应用商店等信息网络提供者知道或者应当知道他人利用其服务从事违法违规在线旅游经营服务，或者侵害旅游者合法权益的，应当采取删除、屏蔽、断开链接等必要措施。

第二十一条 平台经营者应当在首页显著位置公示全国旅游投诉渠道。

平台内经营者与旅游者发生旅游纠纷的，平台经营者应当积极协助旅游者维护合法权益。鼓励平台经营者先行赔付。

第二十二条 平台经营者发现以下情况,应当立即采取必要的救助和处置措施,并依法及时向县级以上文化和旅游主管部门报告:

(一)提供的旅游产品或者服务存在缺陷,危及旅游者人身、财产安全的;

(二)经营服务过程中发生突发事件或者旅游安全事故的;

(三)平台内经营者未经许可经营旅行社业务的;

(四)出现法律、法规禁止交易的产品或者服务的;

(五)其他应当报告的事项。

第三章 监督检查

第二十三条 各级文化和旅游主管部门应当建立日常检查、定期检查以及与相关部门联合检查的监督管理制度,依法对在线旅游经营服务实施监督检查,查处违法违规行为。

在监督检查过程中,县级以上文化和旅游主管部门要求在线旅游经营者提供相关数据信息的,在线旅游经营者应当予以配合。县级以上文化和旅游主管部门应当采取必要措施保护数据信息的安全。

第二十四条 县级以上文化和旅游主管部门对有不诚信经营、侵害旅游者评价权、滥用技术手段设置不公平交易条件等违法违规经营行为的在线旅游经营者,可以通过约谈等行政指导方式予以提醒、警示、制止,并责令其限期整改。

第二十五条 在线旅游经营服务违法行为由实施违法行为的经营者住所地县级以上文化和旅游主管部门管辖。不能确定经营者住所地的,由经营者注册登记地或者备案地、旅游合同履行地县级以上文化和旅游主管部门管辖。

受理在线旅游经营服务相关投诉,参照前款处理。

第二十六条 县级以上文化和旅游主管部门依法建立在线旅游行业信用档案,将在线旅游经营者市场主体登记、行政许可、抽查检查、列入经营异常名录或者严重违法失信企业名单、行政处罚等信息依法列入信用记录，适时通过全国旅游监管服务平台或者本部门官方网站公示，并与相关部门建立信用档案信息共享机制，依法对严重违法失信者实施联合惩戒措施。

第二十七条 支持在线旅游经营者成立行业组织，并按照本组织章程依法制定行业经营规范和服务标准，加强行业自律，推动行业诚信建设和服务质量评价，监督、引导本行业经营者公平参与市场竞争。

第四章 法律责任

第二十八条 平台经营者知道或者应当知道平台内经营者不符合保障旅游者人身、财产安全要求或者有其他侵害旅游者合法权益行为，未及时采取必要措施的，依法与该平台内经营者承担连带责任。

平台经营者未对平台内经营者资质进行审核，或者未对旅游者尽到安全提示或保障义务，造成旅游者合法权益损害的，依法承担相应责任。

第二十九条 旅游者有下列情形之一的，依法承担相关责任：

（一）在旅游活动中从事违法违规活动的；

（二）未按要求提供与旅游活动相关的个人健康信息的；

（三）不听从在线旅游经营者的告知、警示，参加不适合自身条件的旅游活动，导致出现人身财产损害的；

（四）对国家应对重大突发事件暂时限制旅游活动的措施、安全防范和应急处置措施不予配合的。

第三十条 因不可抗力或者第三人造成旅游者损害的，在线旅游经营者应当及时进行救助。在线旅游经营者未及时进行救助造成旅游者损害的，依法承担相应责任。旅游者接受救助后，依法支付应当由个人承担的费用。

第三十一条 在线旅游经营者违反本规定第八条第一款规定，由县级以上文化和旅游主管部门依照《中华人民共和国网络安全法》第六十八条有关规定处理。

第三十二条 在线旅游经营者违反本规定第十条规定，未依法取得旅行社业务经营许可开展相关业务的，由县级以上文化和旅游主管部门依照《中华人民共和国旅游法》第九十五条的规定处理。

在线旅游经营者违反本规定第十七条第一款规定，未依法投保旅行社责任保险的，由县级以上文化和旅游主管部门依照《中华人民共和国旅游法》第九十七条有关规定处理。

第三十三条 平台经营者有下列情形之一的，由县级以上文化和旅游主管部门依照《中华人民共和国电子商务法》第八十条的规定处理：

（一）违反本规定第十一条第一款规定，不依法履行核验、登记义务的；

（二）违反本规定第二十二条规定，不依法对违法情形采取必要处置措施或者未报告的；

（三）违反本规定第十九条规定，不依法履行商品和服务信息、交易信息保存义务的。

第三十四条 在线旅游经营者违反本规定第十二条第一款有关规定，未取得质量标准、信用等级使用相关称谓和标识的，由县级以上文化和旅游主管部门责令改正，给予警告，可并处三万元以下罚款。

第三十五条 违反本规定第十六条规定，未在全国旅游监管服务平台填报包价旅游合同有关信息的，由县级以上文化和旅游主管部门责令改正，给予警告；拒不改正的，处一万元以下罚款。

第三十六条 在线旅游经营者违反本规定第十八条规定，为以不合理低价组织的旅游活动提供交易机会的，由县级以上文化和旅游主管部门责令改正，给予警告，可并处三万元以下罚款。

第三十七条 法律、行政法规对违反本规定行为另有规定的，依照其规定。县级以上地方文化和旅游主管部门在监督检查过程中发现在线旅游经营者有违反《中华人民共和国电子商务法》《中华人民共和国消费者权益保护法》《中华人民共和国网络安全法》等法律、行政法规、部门规章的行为，不属于本部门管辖的，应当及时将相关线索依法移送有关部门。

第五章 附 则

第三十八条 本规定自2020年10月1日起施行。

最高人民法院关于审理旅游纠纷案件适用法律若干问题的规定

［2010 年 9 月 13 日最高人民法院审判委员会第 1496 次会议通过、2010 年 10 月 26 日公布、自 2010 年 11 月 1 日起施行（法释〔2010〕13 号） 根据 2020 年 12 月 23 日最高人民法院审判委员会第 1823 次会议通过、2020 年 12 月 29 日公布的《最高人民法院关于修改〈最高人民法院关于在民事审判工作中适用《中华人民共和国工会法》若干问题的解释〉等二十七件民事类司法解释的决定》（法释〔2020〕17 号）修正］

为正确审理旅游纠纷案件，依法保护当事人合法权益，根据《中华人民共和国民法典》《中华人民共和国消费者权益保护法》《中华人民共和国旅游法》《中华人民共和国民事诉讼法》等有关法律规定，结合民事审判实践，制定本规定。

第一条 本规定所称的旅游纠纷，是指旅游者与旅游经营者、旅游辅助服务者之间因旅游发生的合同纠纷或者侵权纠纷。

“旅游经营者”是指以自己的名义经营旅游业务，向公众提供旅游服务的人。

“旅游辅助服务者”是指与旅游经营者存在合同关系，协助旅游经营者履行旅游合同义务，实际提供交通、游览、住宿、餐饮、娱乐等旅游服务的人。

旅游者在自行旅游过程中与旅游景点经营者因旅游发生的纠纷，参照适用本规定。

第二条 以单位、家庭等集体形式与旅游经营者订立旅游合同，在履行过程中发生纠纷，除集体以合同一方当事人名义起诉外，旅游者个人提起旅游合同纠纷诉讼的，人民法院应予受理。

第三条 因旅游经营者方面的同一原因造成旅游者人身损害、财产损失，旅游者选择请求旅游经营者承担违约责任或者侵权责任的，人民法院应当根据当事人选择的案由进行审理。

第四条 因旅游辅助服务者的原因导致旅游经营者违约，旅游者仅起诉旅游经营者的，人民法院可以将旅游辅助服务者追加为第三人。

第五条 旅游经营者已投保责任险，旅游者因保险责任事故仅起诉旅游经营者的，人民法院可以应当事人的请求将保险公司列为第三人。

第六条 旅游经营者以格式条款、通知、声明、店堂告示等方式作出排除或者限制旅游者权利、减轻或者免除旅游经营者责任、加重旅游者责任等对旅游者不公平、不合理的规定，旅游者依据消费者权益保护法第二十六条的规定请求认定该内容无效的，人民法院应予支持。

第七条 旅游经营者、旅游辅助服务者未尽到安全保障义务，造成旅游者人身损害、财产损失，旅游者请求旅游经营者、旅游辅助服务者承担责任的，人民法院应予支持。

因第三人的行为造成旅游者人身损害、财产损失，由第三人承担责任；旅游经营者、旅游辅助服务者未尽安全保障义务，旅游者请求其承担相应补充责任的，人民法院应予支持。

第八条 旅游经营者、旅游辅助服务者对可能危及旅游者人身、财产安全的旅游项目未履行告知、警示义务，造成旅游者人身损害、财产损失，旅游者请求旅游经营者、旅游辅助服务者承担责任的，人民法院应予支持。

旅游者未按旅游经营者、旅游辅助服务者的要求提供与旅游活动相关的个人健康信息并履行如实告知义务，或者不听从旅游经营者、旅游辅助服务者的告知、警示，参加不适合自身条件的旅游活动，导致旅游过程中出现人身损害、财产损失，旅游者请求旅游经营者、旅游辅助服务者承担责任的，人民法院不予支持。

第九条 旅游经营者、旅游辅助服务者以非法收集、存储、使用、加工、传输、买卖、提供、公开等方式处理旅游者个人信息,旅游者请求其承担相应责任的,人民法院应予支持。

第十条 旅游经营者将旅游业务转让给其他旅游经营者,旅游者不同意转让,请求解除旅游合同、追究旅游经营者违约责任的,人民法院应予支持。

旅游经营者擅自将其旅游业务转让给其他旅游经营者,旅游者在旅游过程中遭受损害,请求与其签订旅游合同的旅游经营者和实际提供旅游服务的旅游经营者承担连带责任的,人民法院应予支持。

第十一条 除合同性质不宜转让或者合同另有约定之外,在旅游行程开始前的合理期间内,旅游者将其在旅游合同中的权利义务转让给第三人,请求确认转让合同效力的,人民法院应予支持。

因前款所述原因,旅游经营者请求旅游者、第三人给付增加的费用或者旅游者请求旅游经营者退还减少的费用的,人民法院应予支持。

第十二条 旅游行程开始前或者进行中,因旅游者单方解除合同,旅游者请求旅游经营者退还尚未实际发生的费用,或者旅游经营者请求旅游者支付合理费用的,人民法院应予支持。

第十三条 签订旅游合同的旅游经营者将其部分旅游业务委托旅游目的地的旅游经营者,因受托方未尽旅游合同义务,旅游者在旅游过程中受到损害,要求作出委托的旅游经营者承担赔偿责任的,人民法院应予支持。

旅游经营者委托除前款规定以外的人从事旅游业务,发生旅游纠纷,旅游者起诉旅游经营者的,人民法院应予受理。

第十四条 旅游经营者准许他人挂靠其名下从事旅游业务,造成旅游者人身损害、财产损失,旅游者依据民法典第一千一百六十八条的规定请求旅游经营者与挂靠人承担连带责任的,人民法院应予支持。

第十五条 旅游经营者违反合同约定,有擅自改变旅游行程、遗漏旅游景点、减少旅游服务项目、降低旅游服务标准等行为,旅游者请求旅游经营者赔偿未完成约定旅游服务项目等合理费用的,人民法院应予支持。

旅游经营者提供服务时有欺诈行为,旅游者依据消费者权益保护法第五十五条第一款规定请求旅游经营者承担惩罚性赔偿责任的,人民法院院应予支持。

第十六条 因飞机、火车、班轮、城际客运班车等公共客运交通工具延误,导致合同不能按照约定履行,旅游者请求旅游经营者退还未实际发生的费用的,人民法院应予支持。合同另有约定的除外。

第十七条 旅游者在自行安排活动期间遭受人身损害、财产损失,旅游经营者未尽到必要的提示义务、救助义务,旅游者请求旅游经营者承担相应责任的,人民法院应予支持。

前款规定的自行安排活动期间,包括旅游经营者安排的在旅游行程中独立的自由活动期间、旅游者不参加旅游行程的活动期间以及旅游者经导游或者领队同意暂时离队的个人活动期间等。

第十八条 旅游者在旅游行程中未经导游或者领队许可,故意脱离团队,遭受人身损害、财产损失,请求旅游经营者赔偿损失的,人民法院不予支持。

第十九条 旅游经营者或者旅游辅助服务者为旅游者代管的行李物品损毁、灭失,旅游者请求赔偿损失的,人民法院应予支持,但下列情形除外:

(一)损失是由于旅游者未听从旅游经营者或者旅游辅助服务者的事先声明或者提示,未将现金、有价证券、贵重物品由其随身携带而造成的;

(二)损失是由于不可抗力造成的;

(三)损失是由于旅游者的过错造成的;

(四)损失是由于物品的自然属性造成的。

第二十条 旅游者要求旅游经营者返还下列费用的,人民法院应予支持:

(一)因拒绝旅游经营者安排的购物活动或者另行付费的项目被增收的费用;

(二)在同一旅游行程中,旅游经营者提供相同服务,因旅游者的年龄、职业等差异而增收的费用。

第二十一条 旅游经营者因过错致其代办的手续、证件存在瑕疵,或者未尽妥善保管义务而遗失、毁损,旅游者请求旅游经营者补办或者协助补办相关手续、证件并承担相应费用的,人民法院应予支持。

因上述行为影响旅游行程，旅游者请求旅游经营者退还尚未发生的费用、赔偿损失的，人民法院应予支持。

第二十二条 旅游经营者事先设计，并以确定的总价提供交通、住宿、游览等一项或者多项服务，不提供导游和领队服务，由旅游者自行安排游览行程的旅游过程中，旅游经营者提供的服务不符合合同约定，侵害旅游者合法权益，旅游者请求旅游经营者承担相应责任的，人民法院应予支持。

第二十三条 本规定施行前已经终审，本规定施行后当事人申请再审或者按照审判监督程序决定再审的案件，不适用本规定。

二、典 型 案 例

最高人民法院发布人民法院依法审理旅游纠纷典型案例*

案例一

张某与峨眉山管委会健康权纠纷案

【基本案情】

2017 年 8 月，张某听闻峨眉山的猴子活泼可爱，与人亲近，专程来到峨眉山景区观猴，不顾游客应与猴子保持安全距离的警示要求，进入猴子聚集区逗猴、喂猴，不慎被猴子抓伤。在接受峨眉山风景名胜区管理委员会（以下简称"峨眉山管委会"）工作人员救护后，张某拨打四川省峨眉山市人民法院旅游环保法庭（以下简称"峨眉山旅游环保法庭"）的旅游纠纷热线电话，要求峨眉山管委会对其进行赔偿。峨眉山旅游环保法庭工作人员接到电话后迅速到达现场，向双方当事人释法说理，开展调解工作。

【调解结果】

峨眉山旅游环保法庭认为，根据《中华人民共和国侵权法》第 37 条

---

* 《最高人民法院发布人民法院依法审理旅游纠纷典型案例》，载最高人民法院网 2024 年 9 月 30 日，https://www.court.gov.cn/zixun/xiangqing/444371.html。

（现《中华人民共和国民法典》第1198条）规定，公共场所的经营者、管理者负有安全保障义务，未尽到安全保障义务造成他人损害的，应当承担侵权责任。同时，安全保障义务应当控制在合理限度范围内。案涉景区内的野生猴子可以与游客较为自由地接触，景区在游客人身、财产安全方面应当承担更高程度的保障义务。峨眉山管委会虽然设置了栏杆、警示标语等，但并未完全尽到安全保障义务。张某未遵守景区关于保持安全距离的警示要求，进入猴子聚集区逗猴、喂猴，也未完全尽到相应注意义务。同时考虑到张某仅需接种疫苗，不构成伤残等级，由峨眉山管委会补偿张某疫苗费用1000元。

【典型意义】

本案是释法明理诉前化解旅游纠纷的典型案例。景区经营者、管理者对景区内可能发生的危险和损害应当有充分的预见性，全面履行通知、排查、告知、提醒、注意等义务，保障游客的人身或财产安全免受侵害，否则应当承担相应责任。游客作为自身安全注意义务的第一责任人，进入景区后应当自觉遵守安全管理制度，文明旅游、安全旅游，不主动挑逗、攻击或伤害景区内的野生动物，避免发生意外，否则亦应当承担相应责任。在妥善化解该案纠纷后，峨眉山旅游环保法庭依法延伸司法职能，推动峨眉山管委会进一步完善安全保障措施，制定《峨眉山景区陆生野生动物保护管理暨致害补偿暂行办法》，并充分运用联席会议等机制，加强与峨眉山管委会常态化协同配合。经过共同努力，峨眉山风景名胜区连续五年实现野生动物伤人纠纷“零起诉”，真正实现了“无讼”5A级景区的要求。

案例二

朱某欣诉某旅游公司
违反安全保障义务责任纠纷案

【基本案情】

2020年5月31日，朱某欣向某旅游公司购买门票，并于当日参加“摇摆桥”项目。在该项目进行过程中,某旅游公司的工作人员摇晃桥面,朱某欣从摆桥上摔落、受伤。经医院诊断,朱某欣左肱骨髁上髁间粉碎性骨折,共住院13天。经鉴定,朱某欣的损伤及目前后遗症评定为九级伤残。朱某欣向人民法院起诉,请求判令某旅游公司赔偿医疗费等经济损失。

【裁判结果】

福建省东山县人民法院一审认为,案涉“摇摆桥”项目具有危险性,某旅游公司作为“摇摆桥”的经营管理者,对项目参与者负有更高程度的安全保障义务;项目参与者也应当充分评估案涉项目的危险性,对自身安全负有更高程度的注意义务。某旅游公司虽然设置了提示该项目危险性的警示牌,并采取了裹置软质橡胶等防摔伤、撞伤等保护措施,但仍未对参与者提供充分有效的安全保障,且某旅游公司工作人员存在过度摇晃桥面情形,应当承担主要责任。朱某欣作为完全民事行为能力人,未对自身安全尽到必要的注意义务,对事故发生也存在一定过错,应当承担次要责任。综合考虑,酌定某旅游公司对案涉事故承担80%的责任,朱某欣对案涉事故承担20%的责任,判决某旅游公司赔偿朱某欣经济损失共计299754.34元。宣判后,朱某欣、某旅游公司均提出上诉。二审维持原判。

【典型意义】

本案是旅游经营者因未完全尽到安全保障义务而根据其过错程度承担责任的典型案例。案涉“摇摆桥”系多人站在吊桥上来回摇晃桥体而达到娱乐效果的游乐设施,出现摔倒、碰撞的可能性较高,具有一定危险性,其经营者负有更高的安全保障义务和审慎注意义务,应当承担更高的风险告知责任与危险防范救助责任。人民法院坚持“治已病”和“防未病”两手抓,在案件审理中依法厘清相关主体的责任边界,在判决生效后及时向旅游经营者发出司法建议,引导其及时增配安保人员,完善项目风险说明和安全保护措施,有效降低事故发生风险。本案是法治护航旅游业高质量发展的生动司法实践,对于引导旅游经营者强化安全保障义务、旅游者提升自身安全意识,具有借鉴意义。

案例三

胡某某诉某旅游公司旅游合同纠纷案

【基本案情】

2019年9月19日,胡某某到某旅游公司试营业的某市胡杨林游玩时,租赁景区内的沙滩摩托车骑行,但某旅游公司工作人员未告知胡某某禁行路线等安全事项。胡某某在驾驶沙滩摩托车过程中,从断崖处摔落、受伤。胡某某向人民法院起诉,请求判令某旅游公司赔偿医疗费、护理费等费用。

【裁判结果】

青海省格尔木市人民法院一审认为,对于具有一定危险性的旅游项目,旅游经营者应当详尽地向游客告知注意事项及可能存在的危险,使游客对该旅游项目特别是可能发生的危险有全面了解。在胡某某骑行前,某旅游公司工作人员未详尽告知安全注意事项,未明确骑行路线,致使胡某某对该项目的潜在危险和安全注意事项未能充分了解,最终坠崖受伤,某旅游公司应当承担全部责任。判决某旅游公司赔偿胡某某各项损失288231.2元。宣判后,某旅游公司提出上诉。二审维持原判。

【典型意义】

本案是旅游经营者因未尽到安全保障义务而承担全部责任的典型案例。旅游景区提供的项目服务应当符合保障旅游者人身、财产安全的要求,在项目服务过程中应以明示方式详细告知游客安全须知,并及时排查风险隐患,确保尽到安全保障义务。特别是对于高风险旅游项目,旅游经营者应当承担更高的安全保障义务。本案对于旅游经营者强化安全风险意识、依法全面履行安全保障义务,促进文旅项目持续健康发展,具有警示意义。

案例四

江某卫等诉某旅游公司经营场所、公共场所的经营者、管理者责任纠纷案

【基本案情】

2022年8月20日，江某卫及其妻徐某仙携家属一行多人至浙江省江山市某景区溯溪郊游，但未购买门票。活动中，徐某仙坠崖身亡，坠亡地点不在景区游览线路范围内。江某卫、徐某仙的亲属认为，江某卫、徐某仙一行在某旅游公司开发经营的景区开展户外活动，由于景区管理不善、设施常年失修、警示标志缺失，导致意外事故发生，且无法得到及时救治，向人民法院起诉，请求判令旅游公司承担赔偿责任。

【裁判结果】

浙江省江山市人民法院一审认为，徐某仙一行未购票私自进入景区，未与经营、管理事发景区的旅游公司形成旅游服务合同关系。从公安机关勘验记录以及现场查勘情况看，徐某仙的坠亡地点位于溪谷险要、人迹罕至之处，无可通行道路或野路，远离景区正常游览范围。旅游公司不存在景区设施维护不到位、未设立禁止区域情形。溯溪系风险性较高的户外活动，活动参与者自身应当充分认识、预判并妥善管控风险。故判决驳回原告的诉讼请求。该判决已生效。

【典型意义】

本案系旅游经营者已尽到安全保障义务而不承担责任的典型案例。近年来，溯溪、跳潭、瀑降、漂流等小众野外运动热度飙升，但由于活动区域、形式的特殊性，此类户外活动往往具有较高风险，如果在没有充分准备、缺乏安全保护的情况下盲目“打卡”所谓网红线路尤其是野生线路，容易酿成险情。本案中，人民法院严格公正适用法律规定，依法判决已尽到安全保障义务的公共区域管理者不承担赔偿责任，有助于引导户外活动参与者树牢“个人是自身安全注意义务的第一责任人”的价值理念，强化自我保护意识；同时对于明晰安全保障责任边界，促进景区加强管理，具有积极意义。

案例五

广西壮族自治区桂林市人民检察院诉晋某等三人生态破坏民事公益诉讼案

【基本案情】

2021年10月5日，晋某约宋某琳、吕某琪前往国家5A级景区漓江风景名胜区核心景区内的大面山山顶露营。当晚，三人使用了燃气炉并燃放仙女棒玩耍。随后，晋某站到观景平台的阶梯处点燃其携带的“铁棉花”（钢丝棉烟花）挥舞给宋某琳、吕某琪观看，造成火星飞溅，引燃地面植被，致失火烧毁景区内重点公益林1.1255公顷。经委托，桂林市某林业设计院作出《植被恢复方案》，植被修复工程总投资为140224.64元，评估费用30000元。经鉴定，此次失火造成的生态环境受到损害至修复完成期间服务功能丧失导致的损失约为38721.5元，鉴定费用2000元。广西壮族自治区桂林市人民检察院提起生态破坏民事公益诉讼，请求判令晋某等三人连带承担上述费用。

【裁判结果】

广西壮族自治区桂林市中级人民法院一审认为，晋某等三人具备完全民事行为能力，其在国家5A级景区漓江风景名胜区核心景区内的大面山山顶露营时违规野外用火导致失火烧毁森林重点公益林，对生态环境资源造成损害，侵害了社会公共利益，应对生态环境修复及生态环境受到损害至修复完成期间服务功能丧失导致的损失承担民事责任。晋某等三人具有违规野外用火的共同意思联络，其间未相互提醒、制止，进而引发山火，应当承担连带责任。综合考虑三人的主观过错程度、损害原因力大小等因素，认定晋某的过错明显大于吕某琪、宋某琳，应当承担主要责任。判决晋某等三人对各项损失和费用210946.14元共同承担连带清偿责任；在内部责任份额中晋某承担60%，吕某琪、宋某琳各承担20%。宣判后，晋某等三人均提出上诉。二审维持原判。

【典型意义】

本案系游客因造成生态环境破坏而承担民事责任的典型案例。旅游者在景区游玩时应当自觉保护景区的自然资源和生态环境,杜绝违规野外用火等可能造成生态环境受损的危险行为。与一般景区相比,国家重点风景名胜区承载着更大的生态环境功能价值,旅游者负有更高的生态环境保护义务。本案晋某等三人造成失火的行为尚不构成犯罪,未被刑事追诉,但不影响其依法承担民事责任。人民法院依法支持检察机关提起的民事公益诉讼,判令晋某等三人承担相应的修复、赔偿责任,有效保护了生态环境、自然资源和公共利益。同时,在依法认定三人承担连带责任基础上,对其内部责任作进一步划分,既有利于一次性解决纠纷,亦可引导同行旅游者履行相互提醒、规劝等注意义务,提升生态环境保护自觉性。